HUMAN SYSTEMICS

자아실현과 현실창조의 의식각성 프로그램

휴먼 시스테믹스
: 연금술사의 의식과학

HUMAN SYSTEMICS

자아실현과 현실창조의 의식각성 프로그램

휴먼 시스테믹스
: 연금술사의 의식과학

이동욱 지음

"네오휴먼, K-영성의 탄생을 예단하다"

물병자리

차 례

프롤로그 : 이 세상 끝, 가장자리에 서서

- 6·25 전야 ·· 12
- 두 세계의 넘나듦 ·· 19
- 존재의 솟구침, 낙원으로의 비상 ·· 26

들어가며 : 나의 근원적 자아(Archetypal Selves)를 찾아서

- 각성이란? ·· 35
- 일상과 꿈결의 넘나듦 ·· 38
- 근원적 자아란? ·· 40
- 연금술이란 무엇인가 ·· 44

제1장 학인(學人)으로서의 첫 번째 실험 : 개념의 연금술

5개의 에피소드

제1화 내 생애 최고의 축복을 받다 ·· 51

제2화 황량한 도시의 한복판에서 태양을 노려보다 ················· 54

제3화 두 개의 태양이 떠오르다(Two Suns Rising) ················· 59

제4화 말러(Mahler)의 음악에서 구원을 받다 ························· 63

제5화 펜실베이니아 대학 박물관에서 고대 이집트인의 생(生)과 사(死)의 세계(the BA
and the KA)를 성찰하며 인간의식의 두 열림에 대한 깨달음을 얻다 ··········· 70

세 가지 질문

1. 핵심질문 : Marx와 Weber의 합리성 개념을 복원하고 재구성한다는 연금술적 의미는
무엇인가? ··· 75

2. 중심질문 : 재구성을 넘어서 즉, Marx와 Weber의 사회과학적 통찰을 뛰어넘어
인간과학적 관점으로의 연금술적 전환이 의미하는 바는 무엇인가? ········· 77

3. 부차질문 : 두 단계의 변증법에 의한 연금술적 전환이 이루어진다는 의미는 무엇인가? ·· 78

개념의 연금술

의사결정 행위에 있어 합리성의 변증법적 발현 과정에 관한 방법적 시론 ··················· 79

I. 들어가며 ·· 80

II. Marx와 Weber의 합리성 개념의 복원과 그 재구성 ················· 87

Ⅲ. 계획적 사고의 오류의 유형과 그 극복 ·· 94
Ⅳ. 재구성을 넘어서 : 인간의식의 두 열림을 향하여, 「안·팎」의식의 만남 ··············· 98
Ⅴ. 요약 : 변증법적 발현과정으로서의 합리성 ·· 103

제2장 예인(藝人)으로서 두 번째 실험 : 융합의 연금술

6개의 에피소드

제1화 부명(復明)의 노래 ·· 109
제2화 정신계의 풍운아(風雲兒), 취산 선생과의 만남, 곧이어 선인문(仙人門) 문주(門柱),
       강신무와 만나다 ·· 113
제3화 전교생, 모든 전공, 모든 학년이 수강하는 초대형 강좌를 10년 이상 이끌다 ········ 119
제4화 태극함삼(太極函三)의 진리를 깨닫다 ·· 122
제5화 매년 10월 중하순 경, 백운계곡 정상(頂上)에서 '온결돌이', '온맘돌이' 그리고
       '온몸돌이' 은하수 춤(Milky Way Dance)을 추다 ··· 125
제6화 선지자 이사야(Isaiah : 李思野)를 나의 분신(分身)으로 느끼게 되고 존재의 솟구침의
       상징을 단국대학교 부설 <인간과학연구소>의 심벌로 삼다 ························· 126

세 가지 질문

1. 핵심질문 : 휴먼시스테믹스(HumanSystemics)는 왜 융합의 연금술인가?
           여기에서 융합의 의미는 무엇인가? ·· 129
2. 중심질문 : 휴먼시스테믹스에서 단기간에 몸과 마음의 상태를 변화시키는 기적의
           공식인 '5분 최면명상법'의 요체는 무엇인가? ··································· 131
3. 부차질문 : 3자결의 비법(봄-함-됨) 심상명상과 3태극의 몸짓(온맘돌이-온결돌이-온몸돌이)
           동작명상 융합의 효과는 무엇인가? ·· 132

융합의 연금술

抱越의 연구기획 : 휴먼시스테믹스(HumanSystemics) ··· 134
Ⅰ. 휴먼시스테믹스(HumanSystemics) : 창조융합기술 ·· 138
Ⅱ. 심상명상(Image Meditation): ··· 151
Ⅲ. 동작명상(Motor Meditation): ·· 156
Ⅳ. 종합정리 : 연금술사는 과연 누구인가 ··· 160

제3장 도인(道人)으로서 세 번째 실험 : 시간의 연금술

3개의 에피소드

제1화 부명산방(復明山房)에서 고요를 듣다 ·················· 167

제2화 근원을 찾아가는 도인(道人)명상 ·················· 170

제3화 근원을 찾아가는 시간(時間)명상 ·················· 175

세 가지 질문

1. 핵심질문 : 의식의 퀀텀전환을 위해 연금술사는 어떻게 思惟實驗을 하는가? ·········· 181

2. 중심질문 : 연금술사에게 미래는 어떻게 오는가?

연금술사는 자기가 원하는 미래를 어떻게 오게 하는가? ·················· 183

3. 핵심질문 : 연금술사는 과연 누구이며 제4의 의식상태(The 4th State of Consciousness),

즉 근원의식은 가능한가? ·················· 184

시간의 연금술

의식의 퀀텀전환을 위한 연금술사의 思惟實驗

연금술사의 시간인식과 행위, 그 존재방식은? ·················· 186

I. 시간의 두 차원, 두 세계의 넘나듦, 인과의 세계와 상상의 세계 ·················· 194

II. 시간의 순환고리, 현존의 시간과 창조된 시간 ·················· 198

III. 시간의 두 흐름, 연금술사의 思惟實驗 (5次元的 상상력) ·················· 203

에필로그 : 21세기에는 네오휴먼(新人間)이 出現할 것인가?

- '나'의 세 가지 근원적 자아의 원형(原型) : 학인(學人), 예인(藝人), 도인(道人) ·················· 210

- 그렇다면, 연금술사는 과연 누구인가? ·················· 212

- 개인에서 집단으로 ·················· 215

부록 I

5가지 사전 작업

5가지 사전 작업 ·················· 220

좋은 신념 일깨우기 - 나쁜신념 전환하기 - 핵심신념 강조하기 - 허공 응시하기- 심안 일깨우기

부록 II

연금술사 교본 : 의식 각성 프로그램 〈휴먼시스테믹스(Human Systemics)〉 ·················· 232

프롤로그

이 세상 끝, 가장자리에 서서

이 책은 세계대전에 이은 민족상잔의 비극적 파괴와 대참사의 한복판에서 예사롭지 않은 경험을 하며 팔십 평생을 살아온 한 연금술사의 회고록이다.

80년이라는 긴 세월이 흘렀음에도 지금 우리 사회는 그동안의 그 어떤 암울한 때보다도 혼탁한 상태에 빠져 힘들어하는 것 같다. 혹자는 이것을 영성의 결핍 또는 의식의 빈곤이라고 부른다.

내가 태어나서 살아온 세상이 그렇게 참담했다고 사람들은 말하곤 했지만, 나는 절망에 사로잡히거나 실의에 빠져 헤어 나오지 못한 적은 한 번도 없었다. 오히려 그런 암담한 상황 속에서도 오히려 그때마다 어떤 기적이 나에게 생길 것이라는 믿음을 가져왔다. 그런데 도대체 그런 믿음은 어디에서 온 것이었을까?

그래서 나는 내 생애 최초의 기억을 더듬기 시작했다. 아마도 그때가 서너 살 무렵이었을 것이라고 짐작할 뿐이다.

나의 최초의 기억은 뚜렷한 것은 아니었고 아주 어렴풋했지만,

그때 이후로 끊임없이 뇌리에서 맴돌며 그 후로도 수백수천 번 반복하며 지금껏 사라지지 않고 남아 있다. 나는 그것이 과연 실제 나에게 있었던 일이었는지조차 끊임없이 나 자신에게 묻곤 했다. 분명한 것은 그때 나는 어떤 남자로부터 나무람을 받고 풀이 죽은 상태로 고개 숙이고 있었던 것이 나의 이 세상에서 최초의 기억이다. 그는 과연 누구였을까? 라고 나는 끊임없이 그 이후로도 지금껏 나 자신에게 묻곤 한다. 지금 와서 생각해 보면 아마도 그는 나의 아버지였을 것이라고 막연히 짐작할 뿐이다. 그것이 내 기억 속에 나 아닌 세상 사람과의 첫 만남이었고 그리고 그것은 다시는 반복되지 않았다.

두 번째로 남아 있는 나의 기억은 대낮에 때로는 업히기도 하고 걸리기도 하면서 누군가에게 이끌려 힘들게 걸었던 어렴풋한 기억이 남아 있다. 그때 이후로 이 기억 역시 내 마음속에 끊임없이 남아 있으면서 그것이 누구였을까? 라고 하는 궁금증이 여전히 남아 있다. 분명한 것은 나중에 들은 얘기이지만 짐작건대 38선을 넘어 월남하던 중이었을 것이라고 추측할 뿐이다. 나는 아마도 외할머니 등에 업히고 기억에 남아 있지 않지만, 어린 여동생은 엄마 등에 업혀 38선을 넘어 서울까지 넘어온 것 같다.

세 번째로 남아 있는 남산 이층집에 대한 기억은 좀 더 뚜렷하다. 나중에 알게 된 사실이지만, 이 집은 일본인에게 시집간 나의 둘째 고모가 해방되자마자 일본으로 급히 쫓겨 떠나면서 나의 아버지에게 남겨준 적산가옥이었다. 추측하건대 나의 일본인 고모부는

괜찮게 사는 고위 관리였던 모양이다. 왜냐하면, 난생처음으로 보게 된 여러 가지 희한한 목마와 같은 고급 장난감이며 남산을 향해 있는 넓은 안마당에 있던 앵두나무를 지금도 기억한다. 그 당시 어느 날 나는 밥을 먹고 있는 강아지에게 아장아장 다가가 만지려다가 그 개에게 넓적다리를 물리게 된 것이 나의 어린 시절 기나긴 수난의 시작이었다. 참으로 그것은 어린 나에게는 감내해 내기 힘든 고통의 연속으로, 개에게 물린 다음에는 어머니에게 끌려 울며불며 광견병 예방 주사를 18번이나 맞아야 했기 때문이다. 지금 생각해 보면 그 어린 나이에 얼마나 고통스러웠겠는가? 그 일 후에도 나는 이런저런 일로 자주 어머니에 의해 화장실에 갇혀 숨이 넘어가도록 절규했던 기억이 지금도 생생하다. 이제 와서 어른이 된 다음의 생각이지만, 스무서너 살에 38선을 넘어 서울에 도착하자마자 혼자 몸이 된 후 벌어진 일들이니 어머니의 심정은 어떠했을까? 하는 생각이 든다. 그 후 얼마 안 되어 나에게 벌어진 일들 또한 예사롭지 않은 일들의 연속이었다.

남산 집에서 개에게 물려 수난을 겪은 후 얼마 지나지 않아 나는 외삼촌(나보다 7살 연상) 손에 이끌려 당시 이사해 살던 정동 집 길 건너편 지금의 서울삼성병원 바로 옆에 있던 경교장 2층에 올라가 국방색 담요로 덮인 김구 선생 시신을 보게 된다. 그곳에서 내가 본 것은 커다란 방 한가운데 사람들이 둘러서서 추모하고 있었던 것 같고, 스님이 김구 선생 시신 옆에서 목탁을 두드리던 모습이 지금도 기억에 생생하다. 아무 영문도 몰랐던 어린 나로서는 어떤 느낌이 있었을 리 없었다. 그러나 밖으로 나오면서 사람들이 웅성거리며 가리키는 2층 창문 밖에 나 있는 총알 자국만큼은 지금도 기억에 선명하다. 당시에 내가 어떤 특별한 역사적 현장에 있었다는 것을 어린 내가 어찌 알 수 있었겠는가? 한참 후 대학생이 되어 내가 김구 선생 시신을 보았다고 친구들에게 얘기했으나 그들은 전혀 믿으려 하지 않았다. 그도 당연한 것이 대부분 시골에 살았던 내 또래 친구들은 20여 년 후에서나 서울에 올라와 대학생이 되어 나와 만나게 되었으니 말이다.

프롤로그1: 6·25 전야

어느 날 나는 남산 기슭에 서 있었다. 그때, 저녁 햇살에 믿기지 않을 만큼 붉게 빛나던 태양이 내가 처음으로 본 이 세상의 아름다운 모습이었다. 어린 꼬마였던 나는 한참 동안 정신을 빼앗긴 채 홀로 그곳에 서 있었다. 이미 그때, 아버지는 저세상 사람이었다. 곧이어 남산 초등학교에 입학하여 혼자 학교에 다닐 수 있게 되었을 때, 이 세상은 갑자기 광란과 파괴의 모습으로 변해, 나는 아무 영문도 모른 채 인류 역사상 가장 참혹한 전쟁의 한복판에서 말할 수 없는 두려움에 떨고 있었다.

나는 전쟁으로 인하여 어린 나이에도 불구하고 죽음이라는 것에 매우 익숙해져 있었다. 수많은 죽음이 거리 곳곳에 즐비하게 널려 있었다. 죽음이라는 것은 매우 가까운 곳에 있었다. 그 꼬마는 어느덧 전쟁으로 황폐해진 광란의 세상을 보는 것에 이미 길들어 있었다. 광란의 세상 한복판, 어두컴컴한 방에서 배고픔과 죽음의 공포에 떨며, 차라리 이 세상에서 사라져 버리고 싶은 마음뿐이

었다. 그 후에도 나는 커가면서 내가 선택하면 죽을 수 있다는 사실
에 위로받은 경우가 자주 있었다는 것을 기억한다. 그때마다 죽음
은 항상 내 곁, 가까운 곳에 있었다. 그래서 어느덧 이 세상에서 떠
나간 자, 이 세상을 살다가 아득히 사라져간 자, 이미 죽은 자, '존재
하지 않는 자의 눈(The Eye of Non-Being)'으로 마치 꿈결에서처럼 이
세상을 바라보는 것'이 나의 마인드 게임이 되었다.

그 이후로도 줄곧 나는 이 광란의 세상의 목격자가 되었다. 어린
나의 주변에서 일어나는 그 어느 것 하나도 잘 이해되고 납득할 수
있는 것이 없었다. 전쟁이 끝나고 좀 더 나이가 들면서, 이 세상은
나에게 광란은 아닐지언정 미망(迷妄)의 세계로 비치기 시작했고,
나는 이전과는 다른 눈으로 이 세상을 보기 시작했다. 질식할 것 같
은 중·고등학교 시절 매일 들어야 했던, 선생님들의 말씀은 이미 어
린 나이에 전쟁의 파괴와 수많은 죽음을 보아온 나에게는 공허하
고 부질없는 것으로만 여겨졌다. 어쩌다 대학생이 되어서야 비로소
처음으로 자유의 바람을 맛보기 시작했다. 그 당시엔 내가 다녔던
서울 문리대 캠퍼스(지금의 대학로 마로니에 공원)가 대한민국에서도
유일하게 젊음과 자유가 살아 숨 쉬는 곳이었으리라.

대학교 1, 2, 3학년 때,
세 번에 걸쳐 나에게 갑자기 들이닥친 이상한 신비체험들

첫 번째 체험은 내가 대학생이 되어 홍제동에 있던 병원 의사에게
시집간 사촌 누나네 집에서 입주 가정교사를 하며 나의 대학 생활

을 시작한 때였다. 당시에 나는 매일 아침 일찍 집에서 나와 버스를 타고 대학로에 있던 서울 문리대 캠퍼스 길 건너편 학림다방에 들려 하루를 시작하는 것이 나의 일과였다. 그 학림다방은 지금도 같은 장소에 있는데, 그 당시 나는 매일 이른 아침 그곳 이외에는 달리 갈 곳이 없었고 그 학림다방에는 매일 아침 나를 맞이해주는 중년의 아주머니가 있었는데, 내가 그곳에 가면 나에게 커피를 타 주곤 했다. 너무 이른 아침이었기 때문에 그날도 나는 첫 번째 손님이었고, 그 아주머니는 내가 매일 아침 다방에 들어서자마자 틀어주는 클래식 음악이 있었다. 내가 고교 시절부터 즐겨 들었던 베토벤, 브람스, 모차르트, 멘델스존 바이올린 협주곡 같은 달콤한 바이올린곡들이었다. 내가 매일 아침 학림다방에 들어서자마자 그 아주머니는 내가 아무 말 하지 않아도 그 음악을 차례로 틀어주곤 했다.

그날도 여느 때와 별다름이 없었고 아주 이른 봄이었기 때문에 개나리꽃이 대학로 길 건너편 대학천 변에 눈부시도록 만발해 있었다. 당시에는 대학로가 복개 안 되어 대학천이 흐르고 있었는데, 가끔 듣기로는 문리대생들이 술 먹고 대학천 변에 빠지곤 했다는 얘기를 듣곤 했다. 그날도 여느 때와 다름없이 일찍 학림다방으로 출근하여 매일 내가 앉는 캠퍼스가 바로 보이는 창가에 가 앉아 있었다. 학림다방 아주머니가 매일 그러하듯이 커피를 가져오고 나는 창가에 무겁게 드리워진 커튼을 열어젖혔다. 그때 갑자기 창밖으로 내가 바라본 세계… 한 번도 본 적이 없는 전혀 다른 세계가 그곳에 있었다. 그것은 지금껏 한 번도 본 적이 없는 전혀 다른 세계

였다. 나는 황급히 학림다방을 뛰쳐나와 그 세계에 곧장 뛰어들었
다. 그로부터 두 팔을 휘저으며 오후 2시경이 되어 정신이 들 때까
지, 종로5가까지 미친 듯이 배회하며 대학로를 오갔던 기억… 마치
나 혼자만이 그 세상에 살아있는 것처럼 느껴졌고, 그때 길을 오가
던 사람들은 이미 죽은 자들이 다시 일어나 길을 거닐고 있는 좀비
처럼 보였다.

두 번째 체험은 대학 2학년 늦은 여름에 겪은 일이었다. 그때 나
에게는 아주 조용하고 진지한 태도를 가진 매우 가까운 친구가 있
었다. 그는 대구 계성고등학교 출신으로 자기는 시인이 되는 것이
꿈이라고 했다. 그리고 나에게 가끔 얘기하기를 자신은 돈이 없어
자주 끼니를 거르고, 굶을 때도 많다고 했다. 그렇게 굶다가도 너무
배가 고프면 가끔 먼지 나는 구멍가게에서 카스텔라 부스러기나
사과 하나로 끼니를 때울 때가 흔히 있다고 나에게 얘기하곤 했다.
그러면서 그는 말하기를 배가 자주 아프고 피가 묻은 똥을 싼다고
했다. 그 당시에는 그렇게 굶는 것이 그다지 예외인 것이 아니었고,
모두가 몹시 가난하던 시절이었다.

어느 날 그는 나에게 말하기를 방학이 끝날 때까지 경기도 이천
에 사는 이모네 집에서 여름방학을 지내고, 개학이 되면 서울에서
만나자고 했다.

그렇게 그와 헤어지고 여름방학이 거의 끝나갈 무렵 학과에서 갑
자기 연락이 왔다. 그 친구가 죽었다는 것이었다. 그 얘기를 들은
순간 방학이 되어 나와 헤어지기 전 그와 나눈 얘기들이 생각이 났

고, 나는 가장 절친이었던 그 친구의 죽음에 어찌할 바를 몰랐다. 학과 친구들과 문상을 가기로 결정이 되었고 장지인 이천을 향해 우리는 떠났다. 당시에는 경부고속도로 개통 전이어서 이천까지 국도를 따라 20인 승합 버스가 다니던 때였다. 나는 이천에 도착하여 두려운 마음을 안고 친구들과 함께 죽은 친구의 이모네 집 넓은 마당으로 들어섰다. 시골집이어서 그런지 마당은 꽤 넓었고, 마당 안쪽 깊이 시신이 안치된 방이 있었다. 방안은 몹시 어두웠고, 우리는 급히 문상을 서둘러 끝내고 나왔다. 그런데 당시에 나는 왜 그렇게 가까운 친구의 죽음이 마음속으로 떨리고 두려웠는지 몰랐다.

문상을 끝내고 승합차를 타고 서울로 되돌아오는 길에 들어서자, 비로소 조금 불안했던 마음이 가시고 편안한 마음이 되었다. 나는 승합차 운전석 바로 뒤에 앉아 있었는데 왼쪽 차창 너머로 늦여름 오후 햇살이 나의 왼쪽 뺨을 따갑게 비추고 있었다. 그때 나는 갑자기 그 죽은 친구가 다시 살아 바로 내 앞에서 미소 짓고 있는 듯한 느낌과 함께, 차창 너머로 황금빛으로 불타오르는 형언할 수 없는 아름다운 세상을 보았다. 당시에 이런 체험을 하면서 깨달은 것은 우리가 사는 일상적 삶의 세계 너머에 분명 또 하나의 전혀 다른 세계가 존재한다는 것이었다.

세 번째는, 3학년이 되어 제주도 수학여행 길에서 겪게 된 일이었다. 나는 학생운동에 그다지 열성분자는 아니었지만, 당시에는 문리대 캠퍼스의 4.19탑 앞에서는 하루도 빠짐없이 매일 격렬한 반정부 시위가 있던 때였다. 거의 매일 대학가에는 최루탄 가스로 가득

했고, 수업이 이루어지지 않는 날이 오히려 정상인 것처럼 여겨지던 시절이었다. 그때 나는 어쩌다가 무기정학을 당해 학교에 가지 못한 채 집에서 놀고 있을 때였는데, 나를 불쌍하게 여긴 동급생들이 나에게 수학여행에 함께 갈 것을 권유했다.

목포에서 배를 타고 제주시에 도착하여 그곳으로부터 멀지 않은 곳에 있는 해녀 촌을 방문하게 되었다. 그때 해녀 촌에 도착하여 그 이전에는 전혀 맛보지 못했던 다른 원시의 바다 풍경을 보게 되었다. 아주 멀리 마을이 있었고, 정말이지 믿기지 않을 정도로 남자라고는 하나도 없이 나이를 짐작할 수 없는 구릿빛 피부로 빛나는 해녀들뿐이었다. 해녀들은 우리에게 해삼이며 전복, 미역을 아낌없이 주었고, 우리는 처음으로 먹어보는, 바다에서 직접 채취한 바다 내음이 물씬 풍기는 살아있는 것들을 그곳에서 쭈그려 앉아 주는 대로 마음껏 배불리 먹었다. 그런 연후에 우리는 제주도를 가로질러 서귀포로 가기로 했고, 해녀들이 우리에게 준 미역 더미를 등에 둘러메고 서귀포를 향해 걷기 시작했는데, 얼마 지나지 않아 날이 어느덧 어두워져 어느 인가로 들어서게 되었다. 우리는 해녀들이 우리에게 준 미역으로 고추장을 풀어 저녁을 대충 먹은 다음 방에 들어가 다들 곯아떨어졌다.

다음 날 아침 친구들은 아직 곯아떨어져 있는데, 나는 홀로 잠자리에서 빠져나와 꾸불꾸불 나 있는 하얀 길을 걷게 되었다. 너무 이른 아침이어서 그랬는지 아무 소리도 없고 아무런 움직임도 없었다. 내가 마치 태곳적의 고요함 속에 홀로 있는 것처럼 느껴졌다.

그때 갑자기 멀찌감치 있는 내 앞의 산봉우리들이 마치 살아있는 것처럼 꿈틀대며 나에게 말을 하기 시작했다.

"동욱아, 이 세상이 얼마나 아름다운 세상인 줄 너는 아냐?"

그때 나는 그 말에 "네, 네, 아… 예, 그렇습니다."라고 나도 모르게 답하며, 길 위에서 황홀경에 휩싸여 한참 동안 무릎을 꿇은 채 전혀 다른 세계에 있었다.

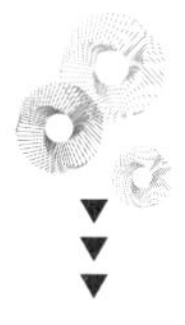

프롤로그2: 두 세계의 넘나듦

그 후로 내가 이 세상에서 꼬마였을 때 남산 기슭에서 처음으로 본 아름다운 태양과 곧이어 전쟁 한복판에서 본 광란의 모습이 내 마음속에서 대비되어 한 번도 잊힌 적 없이, 지금껏 이 세상을 바라보는 두 개의 눈이 되었다.

그렇다. 나는 그로부터 지금까지 언제나처럼 전혀 다른 두 개의 눈으로 이 세상을 바라보고, 또 바라보고…. 끊임없이 바라보고 있다. 한쪽의 눈은 열 살배기 소년의 호기심에 가득한 눈으로…. 또 하나의 눈은 죽음을 앞둔 100년을 넘게 살아온 초연한 할아버지의 눈으로 이 세상을 본다…. 열 살배기 소년의 눈은 이 세상을 마치 처음 보는 것처럼 바라보고, 백 살 먹은 할아버지의 눈은 이 세상을 마지막으로 보는 것처럼 바라보곤 한다. 그래서 나는 항상 처음이자 마지막으로 보는 것처럼 이 세상을 보는 것에 익숙하게 된 것 같다. 이렇게 바라보다 보면 나에게 이 두 개의 세계, 일상과 꿈결, 迷妄과 抱越의 세계는 항상 내 곁에 함께 있다.

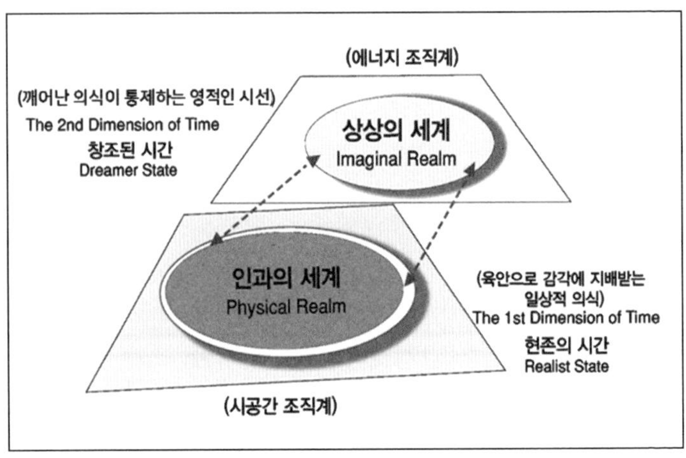

<그림 1> 시간의 두 차원 : 두 세계의 넘나듦

현존의 시간(Realist State, The 1st Dimension of Time) : 인과의 세계(Physical Realm); 시공간 조직계; 육안으로 감각에 지배받는 일상적 의식; '因果的 삶'
창조된 시간(Dreamer State, The 2nd Dimension of time) : 상상의 세계(Imaginal Realm); 에너지 조직계: 깨어난 의식이 통제하는 영적인 시선; '創造的 삶'

오직 나는 이 서로 다른 두 눈을 통해서만, 두 세계를 가로지르는 경계에 드리워진 얇은 베일을 거두고 양쪽 세계를 다 엿볼 수 있다.

나는 이 경계에 설 때, 내 안에 이 두 세계를 모두 품을 수 있다. 그러나 나는 두 세계 중 그 어느 세계에도 속해 있지 않으며, 이때 두 개의 세계는 언제나처럼 동시에 전혀 다른 모습으로 내 앞에 놓여 있다. 그때, 내가 선택하는 세계가 그 어느 쪽이든 그곳이 바로 나의 낙원이다. 선택을 향한 결단이 이루어지는 순간, 나의 삶은 생동하는 하나의 춤, 낙원에서의 축제가 된다. 그것이 미망의 춤이든 포월의 춤이든 간에… 언제나 '지금 여기'에서, 일상 곧, 인과의 세계와 꿈결 곧, 상상의 세계를 넘나드는 그 경계에 서는 것, 이것이 바로 나의 낙원을 향한 존재 방식이다.

우리 모두는 3차원 공간에 시간이라는 차원을 더하여 4차원의 시공연속체에서 살아가고 있다. 이것이 바로 <그림 1> 밑쪽에서 보여주는 눈에 보이는 시공간 조직계에 나타나는 '현존의 시간(the 1st dimension of time)'이다. 이 시간 차원은 봄(Bohm)이 말하는 이른바 명시적 질서(explicate order)이다. 우리가 현실이라고 부르는 물리적 영역(physical realm)에 속하는 '인과의 세계'인 것이다. 이 '현존의 시간(observed in time)' 속에서 우리는 감각에 지배받는 일상적 의식상태에 있게 된다. 여기에 더하여 <그림 1>의 위쪽에 있는 눈에 보이지 않는 또 하나의 시간 차원(the 2nd dimension of time)이 있다. 즉, 우리의 상상력이 통제하는 '창조된 시간(imagined in time)'이다. 이것은 순수한 상상의 세계(imaginal realm)로서 양자도약(quantum leap)이 가능한 에너지 조직계다. 데이비드 봄(Bohm)의 두 개의 질서모델에 의하면, 이것은 안으로 접혀진 함축적 질서(implicate order)이고, 여기에서의 의식은 근원의식으로 시공을 초월한 순수한 5차원적 존재라고 할 수 있다.

우리는 언제고 원하면, 감각에 지배받는 일상적 의식 상태, 즉 '현존의 시간(observed in time)'차원을 벗어나 깨어난 의식이 통제하는 '창조된 시간(imagined in time)'속의 영적인 시야로 옮겨 갈 수 있어야 한다. 여기에서 5차원 공간 즉, 에너지 조직계에서의 창조된 시간은 인과의 세계 너머의 소위 '초공간(hyperspace)'에 속한 실재(實在)이다. 눈에 보이지 않는 이 세계는 객관적으로 존재하는 물리적 영역(physical realm) 너머에 우리의 상상력이 창조한 세계이다. 우리가 삶에 대한 창조적 태도를 견지하기 위해서는 두 가지 시선을 동시에 유지하면서 두 차원의 세계를 넘나드는 것이 중요하다.

그러나 이 세상 끝, 가장자리에 서는 것, 이 세상과 저 세상의 경계에 서는 것은 아무에게나 허락되어 있지 않다. 우리는 그곳에 오래 머무를 수도 없다. 운명의 힘에 떠밀려 이 미망의 세계에서 '죽음'을 맛본 자만이 이 세상의 가장자리, 그 끝으로 한순간에 다가갈 수 있다. 운명의 힘에 떠밀린 것이 아니고, 본인의 의지로 그런 길을 선택해야 한다면, 많은 위험이 도사린 어둠의 긴 터널을 돌파해야 할 것이다. 그 어느 쪽이든 간에 '삶'과 '죽음', '이 세상'과 '저 세상'을 가르는 경계, 그곳에 서야 비로소 '이 세상'으로부터 '다른 세상', 곧 낙원으로의 여행을 떠날 수 있다. 우리가 모두 어쩔 수 없이 헤엄치며 살아온 삶의 江을 벗어나, 우리가 모두 그리워하는 낙원의 江에 우리의 몸을 던질 수 있다.

이 여정에서 나 자신이 아닌 그 어느 누구도 안내자가 될 수 없다. 낙원의 문을 열고 들어갈 수 있는 열쇠는 그 어느 누구로부터도 주어지지 않는다. 예수나 부처의 힘으로도 가능하지 않다. 오직 각자 안에서 스스로 만들어낸 열쇠로 열어야만 낙원의 문을 열 수 있는 것이다. '일상의 나'는 그 열쇠를 갖고 있지 않다.

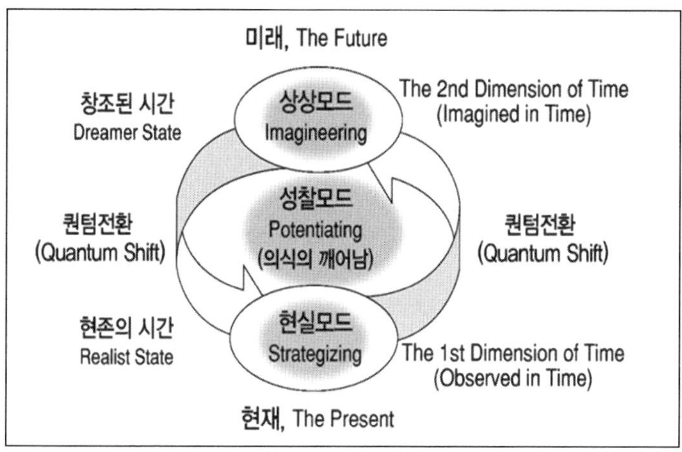

<그림 2> 시간의 순환고리 : 3 가지 思惟모드

창조된 시간(Imagined in Time)에서의 상상모드(Imagineering)

현존의 시간(Observed in Time)에서의 현실모드(Strategizing)

의식의 퀀텀전환(Quantum Shift), 성찰모드(Potentiating)

이 세상 끝, 가장자리 그 경계에 서야만, 일상에 갇힌 내가 죽어서 전혀 다른 내가 탄생되는 것이다. 오직 그만이 낙원의 문을 여는 열쇠를 갖고 있다.

그래서 나는 이 세상 끝, 그 가장자리에 서서, 내 안의 '또 다른 나'를 탄생시키지 않으면 안 된다. 이때, 내 안의 또 다른 나, '내면의 전사'가 지닌 유일한 무기는 상상하기(Imagining)와 의도하기(Intending)이다. 이 '나'의 숨은 전사는 상상과 의지의 두 날개를 편 채 항상 나의 주위를 맴돌며 이 세상의 가장자리 어딘가의 낙원의 문으로 나를 안내한다.

<그림 2>에서의 상상모드와 현실모드는 성찰모드를 '태풍의 눈'으로 하는 끝없는 나선형적 순환과정이다. '일상'은 우리가 죽음을 선택하지 않는 한, 우리 모두가 살아가야 할 거역할 수 없는 因果的 삶의 세계이다. 이 세상의 너머에 꿈결의 세계는 일상의 시공 너머에 創造的 삶의 세계이고 '迷妄'으로부터 해방된 '抱越'의 세계이다.

이 그림은 나 자신이 20대 후반부터 사용해 온 상태전환(의식상태의 변환, 즉 '세상 안에서 밖으로', 혹은 '세상 밖에서 안으로' 의식상태를 바꾸는)의 한 가지 방법을 보여주고 있다. 여기에서 상태전환은 '나'의 의식상태가 하나의 의식상태(The 1st Dimension of Time: 일상, 미망, 因果的 세계)에서 다른 의식상태(The 2nd Dimension of Time: 꿈결, 포월, 創造的 세계)로 이동하여, 나의 의식상태가 두 세계, 즉 현존의 시간대인 '일상의 세계'와 창조된 시간대인 '꿈결의 세계'의 경계를 넘나드는 것을 의미한다. 우리가 절실히 원하면 언제나 바로 '지금 여기'에서 이 두 개의 세계를 모두 경험할 수 있다.

즉, <그림 2>가 보여주는 것처럼 Realist(현실모드: Strategizing)로서 현상적 실재(일상적 세계: The Actual) 속에서 남들처럼 전략적으로 이 세상 안으로 뛰어들어 삶을 즐기고, 필요하면 언제나 Dreamer(상상모드: Imagineering)가 되어 이 세상 밖으로 이동하여 가상적 실재(꿈결의 세계: The Potential) 속에서 '관찰자'가 되어, 이 세상을 살다가 아득히 사라져간 자, '死者의 눈'으로 마치 꿈결에서처럼… 이 '세계'와 '나'를 바라보곤 한다. 이렇게 넘나드는 과정은 언제 어디서나 가능하다. 이런 '넘나듦'의 과정에서 근원적 자아

로서 '나'(성찰모드: Potentiating)는 전혀 다른 세계, 나의 낙원을 탄생
시킨다.

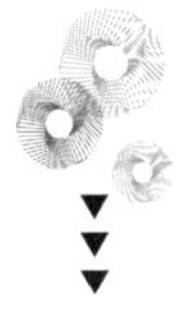

프롤로그3: 존재의 솟구침, 낙원으로의 비상

이 세상의 가장자리, 즉 이 세상 안, '일상의 세계'와 이 세상 밖, '꿈결의 세계'를 가르는 경계에서 나는 가장 자유롭다. 그 가장자리를 맴돌 때, 나는 가장 행복하다. 이곳이 나의 낙원이다. 나는 이 세상, '미망의 세계'의 가장자리를 맴돌며, 초원의 먹잇감을 노리는 맹수가 되어보기도 하고, 때로는 지상의 먹잇감을 노리는 하늘 높이 나는 맹금이 되어보기도 하면서, 이 세상 안으로 뛰어들기를 엿볼 때, 그곳에 나의 낙원이 있다. 이렇게 이 세상 안, 일상의 세계와 이 세상 밖, 꿈결의 세계를 넘나드는 문턱에 서 있을 때 비로소, 낙원을 볼 수 있는 새로운 인식의 문이 열린다. 그 인식의 문을 통해 나는 그때마다 '또 다른 나'의 탄생을 본다. '또 다른 나'가 이 미망의 세계에서 헤매는 '나'를 낙원으로 이끄는 천사, '내면의 전사'가 되어 '나'를 낙원으로 안내한다. 아주 순간이지만, 그때 그 경계에서, '나'는 세상이 창조되기 이전의 태고의 정적(The Primordial Time: Void)과 이후의 영원(Eternity)을 맛본다.

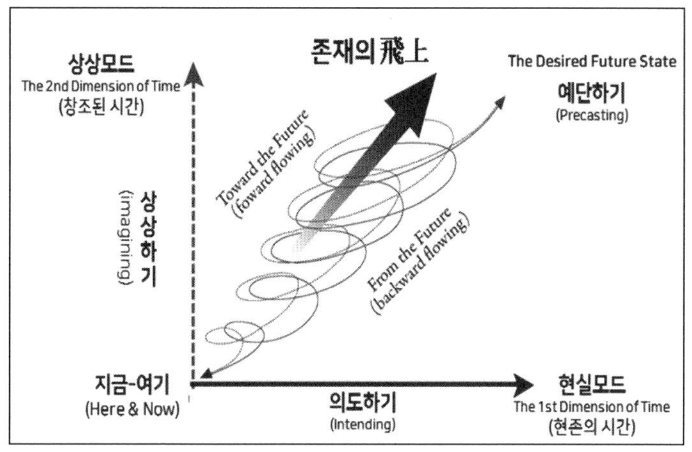

<그림 3> 시간의 두 흐름 : 二重 나선형 비전

상상하기(Imagining) : 본다
의도하기(Intending) : 한다
예단하기(Precasting) : 된다

바로 그 순간 그곳이 나의 낙원이다.

이런 방법은 앞의 <그림 2>에서처럼, 언제나 우리가 원하면, 현존의 시간 속, 현실모드(realist state)에서 창조된 시간 속, 상상모드(dreamer state)로, 다시 상상모드에서 현실모드로 번갈아 가며 마음 상태의 전환을 시도하는 것과 같다. 이것은 개인적 차원에서 언제 어디에서나 누구나 즐기며 할 수 있는 의식 상태 변환을 위한 일종의 '思惟실험'이라고도 할 수 있겠다. 즉, <그림 3>이 보여주는 것처럼 현존의 시간대인 수평축과 창조된 시간대인 수직축을 번갈아 오가며, 우리가 원하는 미래의 특정 상태를 예단(precasting) 해가는 과정이다. 여기에서 현재와 미래, 양방향을 향하는 시간의 흐름은 단선적이 아닌 이중나선형적 얽힘의 과정이다. 이는 비유하자면 '상상(imagining)'과 '의지(intending)'라는 두 날개를 달고 비상하는 과정이다.

<그림 3>에서 수평축은 현존의 시간을 나타내고 수직축은 창조된 시간을 가리키고 있다. 양축의 한가운데 점선 부분은 지금-여기에서 특정한 미래를 향해 앞으로 진행하는(forward flowing) 시간의 흐름이고, 반면에 실선으로 표시된 부분은 미래로부터 지금-여기로 거꾸로 진행하는(backward flowing) 시간의 흐름이다. 이 두 갈래의 흐름은 현존의 시간과 창조된 시간, 두 세계를 교차하며 끊임없이 흐른다. 두 세계를 넘나드는 것은 이 세상을 살아가는 우리 각자의 실존적 선택이다. 중요한 것은 우리가 원한다면 언제나 바로 지금-여기에서 이 두 세계를 동시에 경험할 수 있다는 사실이다.

이 분리된 두 개의 세계, '일상'과 '꿈결', '미망'과 '포월'의 세계는 결국 '하나의 세계'이다. 우리가 모두 살아가는 '하나의 세계'의 두 개의 다른 모습일 뿐이다. '미망의 세계'는 '포월의 세계'를 그리워하고, '포월의 세계'는 '미망의 세계'를 그리워한다. 서로가 서로를 품고 있다. 그리하여 이 '하나'이면서 '두 개의 세계'는 끊임없이 서로를 잉태한다. 나에게는 이 양쪽 세계 모두에 낙원이 있다. 내가 한쪽 세계를 선택하든 나는 그곳에 그리 오래 머무를 수가 없다. 다만 그 경계에 서서 두 세계를 넘나들 수 있을 뿐이다. 그곳에 나만의 낙원, 가능적 세계가 있다. 그곳에 나의 자유가 있다. 바로 그곳에

새로 '창조된 시간'이 있다. 나에게 너무도 명백한 것은 낙원은 그리 먼 곳에 있지 않다는 사실이다. 바로 '지금 여기'에서 언제나처럼 내가 선택해 주기를 기다리고 있다.

"의식의 깊이만큼 현실은 넓어진다"

들어가며

나의 근원적 자아(Archetypal Selves)를 찾아서

경험하는 '나', 지켜보는 '나' 그리고 근원적 자아

나는 아주 어린 시절부터 '나'라는 존재의 중심인 가슴에는 나의 절실한 마음이 담기는 눈에 보이지 않는 영혼의 기관(the organ of soul)이 깃들어져 있다는 믿음이 있었다. 나는 항상 가슴이 명령하는 '가슴의 논리'를 따르려고 했고, 오직 그것에 의해 '두뇌의 논리'인 지각, 즉 감각의 세계를 뛰어넘어 보다 고차의 인식에 도달할 수 있다고 믿게 되었기 때문이다.

이것이 바로 조셉 피어스(J. C. Pearce)가 <초월의 생물학(the Biology of Transcendence)>에서 말한, 이른바 '심장지능(the Heart Intelligence)'이라고 할 수 있겠다.

이것은 또한 슈타이너(Steiner)의 이른바 특별한 인지능력을 지닌 영혼의 기관(the organ of soul)이 되어 우리로 하여금 보다 고차의 존재인 근원과 하나 되는 가능성 즉, 자신의 깊은 내면 안에서 그 근원과 하나 되는 새로운 '나'를 자기각성을 향한 구도(求道)의 여정에서 만나게 된다.

인간의식은 각성에 의해 끊임없이 재구성된다. 각성이란 '두 개의 자아'에서 보듯이, 현실세계를 경험하는 현상적 자아가 내면에 자리 잡고 있는 근원적 자아와의 관계 속에서 발생하는 자신에 대한 자각이고 알아차림이다.

이런 자각은 그때마다 새로운 초월적 자아 즉, 지켜보는 '나'를 탄생시킨다. 우리의 삶은 이런 경험하는 '나'와 지켜보는 '나', 두 개의 자아가 엮어내는 드라마라고 할 수 있다.

현상적 자아 즉, 경험하는 나에게는 눈앞에 나타나는 것, 이는 곧 육안으로 보이는 것만이 실제로 보인다. 이것은 보통의 경우 우리가 오로지 세속적인 마음이 지니고 있는 한계에 둘러싸여 있기 때문이다. 우리 인간은 일상생활을 살아가면서 경험이라는 오감의 한계(감각적 인상)를 좀처럼 벗어날 수 없기 때문이다.

각성이라는 것은 우리의 마음이 감각적 인상에만 머물지 않고, 어느 한순간 끊임없는 인상의 흐름(오감의 작용)을 정지시키고 지켜보는 나를 탄생시켜, 자기 자신을 전혀 남처럼 바라볼 수 있어야 가능하다고 말할 수 있다.

바로 이런 '멈춤'의 시간이야말로 우리가 지금까지 살아오면서 우리의 뇌, 신경계(기억중추와 감정중추) 안에 자리 잡고 있는 학습된 패턴에 자동반응하지 않고, 그런 조건화된 반응으로부터 벗어나, 우리 내면에서 우러나오는 진정한 의미에서의 자기주도적 삶의 선택과 자기결정이 가능하게 된다.

이런 의미에서 '나'라는 존재는 결코 하나가 아니다. 우리 각자의 내면 깊은 곳에 항상 이 '나'를 지켜보는 또 다른 내가 있다. 각성이란 이렇게 '지켜보는 나'인 '초월적 자아'가 '경험하는 나'인 현상적 자아를 가슴에 끌어안고(抱), 이를 뛰어넘어(超) 근원의 나, 내 안의 우주, 신과 합일하는 순간이다.

들어가며1: **각성이란?**

우리 존재의 중심인 가슴에는 우리의 절실한 마음이 담긴 눈에 보이지 않는 영혼의 기관(the organ of soul)이 깃들어 있기 때문이다.

루돌프 슈타이너가 말하는 눈에 보이지 않는 이 영혼의 기관이야말로, 조셉 피어스가 초월의 생물학에서 얘기하는 보다 고차의 지능이 깃들어져 있는 곳이기도 하다. 이런 능력이 바로 J. C. Pearce가 <초월의 생리학(The Biology of Transcendence)>에서 말하는 이른바 심장지능(The Heart Intelligence)에 깃들어 있다.

사랑이야말로 '가슴의 논리'이고 오직 그것에 의해 '두뇌의 논리'인 지각, 즉 감각의 세계를 뛰어넘어 우리는 보다 고차의 인식을 달성할 수 있다. 이때 사랑의 힘은 슈타이너가 말하는 이른바 특별한 인지능력을 지닌 '영혼의 기관(the organ of soul)'이 되어 우리로 하여금 보다 고차의 존재인 근원과 하나 되는 가능성 즉, 자신의 깊은 내면 안에서 그 근원과 하나 된 또 다른 '나'를 바로 지금 여기에서 만날 수 있는 가능성이 열리게 된다.

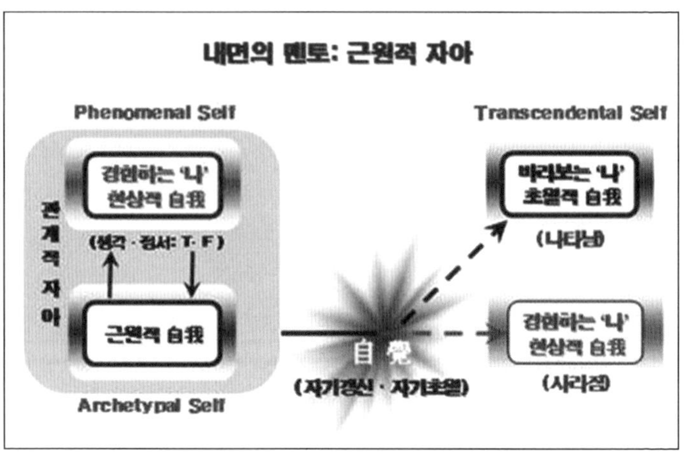

<그림 4> 3개의 자아

심장은 잠재적 에너지인 인간의 의식(human consciousness)이 실제
적으로 발현하는 도구이자 기본양식이다.

현실세계를 살아가는 현상적 자아는 끊임없이 각성에 의해 재구
성된다. 현실의 세계를 경험하는 현상적 자아가 내재된 시간(창조된
시간) 안으로 접혀서 근원적 자아와 만나 새로운 초월적 자아를 탄
생시킨다. 자아는 중층적이다. 우리의 삶은 이런 두 개의 자아가 엮
어내는 드라마이다.

경험하는 '나'와 바라보는 '나'

'나'라는 존재는 하나가 아니다. 우리 각자의 내면 깊은 곳에 이
'나'를 지켜보는 또 다른 내가 있다. 각성이란 이렇게 '지켜보는 나'
인 '초월적 자아'가 '경험하는 나'인 '현상적 자아'를 끌어안고(포용)

뛰어넘어(포월) 근원의 나, 내 안의 우주, 신과 합일하는 순간이다.

들어가며2: 일상과 꿈결의 넘나듦

일상의 세계는 '현존의 시간'에 고착된 '인과적 삶'이고, 꿈결의 세계는 '내재된 시간' 속에 잉태되는 '창조적 삶'이다. 우리는 일상과 꿈결, 그리고 미망과 포월의 세계를 가로지르며 사는 것이 중요하다. 이것이 두 세계의 넘나듦이다.

이런 넘나듦의 삶에서 중요한 것은 우리는 이 현실의 세계에 살아 숨 쉬며 또한 계속 살고자 원하지만, 이 현실세계에 속해 있지만은 않다는 것이다. 우리에게는 언제나 전혀 다른 세계의 가능성이 열려 있다.

우리는 언제든 필요하면 이 세계의 가장자리, 두 세계의 경계에 설 수 있다. 이것이야말로 삶의 매 순간, 일상적 세계로부터 스스로를 해방시켜 진정한 의미에서의 자유를 끊임없이 획득해 나가는 과정이고, 이런 순간순간마다 새로운 '나'를 탄생시키는 것이다.

The 2nd Dimension of Time
창조된 시간
Dreamer State
創造的 삶
因果的 삶
The 1st Dimension of Time
현존의 시간
Realist State
이 세상의 끝,
가장자리

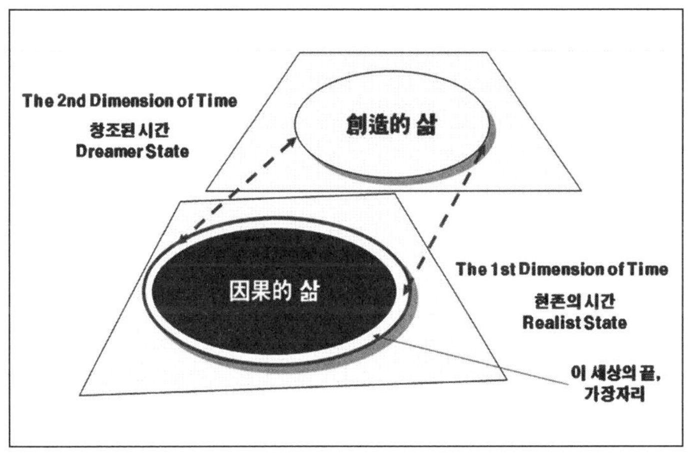

<그림 5> 두 세계의 넘나듦

들어가며3: 근원적 자아란?

우리는 흔히 근원으로서의 '나'와 '나의 것' 즉, 내 몸, 내 마음, 내 영혼을 혼동한다. 창조의 원천인 근원과 하나 된 '나'와 내가 지어 낸 창조물인 '나의 것(몸, 마음, 영혼)'은 철저히 구분되어야 한다.

영적 각성은 곧 근원과 하나 되는 의식이며, 근원으로서의 차원 이란 삶의 의미를 '발견하는' 차원이 아니고 자기 스스로 삶의 의미 를 '부여하는' 차원인 것이다.

우리는 영적 각성의 첫걸음을 우리 내면(영혼)의 어떤 상태(internal state)에 기초를 두지 않으면 안 된다. 루돌프 슈타이너가 말한 것처 럼 모든 인간의 내면에는 감각적 세계를 넘어 보다 고차원의 세계 에까지 인식을 넓힐 수 있는 능력이 잠재되어 있다.

슈타이너(Steiner)는 5개의 감각에 기초하는 지각의 기관(the organ of perception) 이외에, 보이지 않는 영혼의 기관(the organ of soul)에 대 해 말하고 있다. 그렇다면 아직 잠들어 있는 인간 내면의 이런 특정 한 힘을 어떻게 각성시킬 것인가?

윌리엄 블레이크(William Blake)도 말한 것처럼 인간의 지각(percep-tion)은 지각할 수 있는 감각기관에만 한계 지워져 있는 것이 아니다. 인간은 감각기관이 발견할 수 있는 이상을 지각한다.

그러면 위에서 말하는 각성 즉, 초감각적 인식능력은 어디에서 오며 우리는 어떻게 그것을 획득할 수 있는 것일까?

우리는 머리의 논리가 아닌 가슴의 논리를 통해서 나와 이 세계, 그리고 우리의 삶을 바라볼 때만이 감각과 영혼(영적 각성)의 세계를 비로소 만날 수 있다. 감각의 영역을 넘어서 근원과 하나 되는 영적 각성은 우리가 누리고 사는 세계에 대한 사랑과 충만한 기쁨, 그리고 한없이 헌신하고 섬기는 마음에 의해 채워져야 가능하다고 할 수 있다.

즉, 일상적 세계에서 우리가 체험하는 현상적 자아의 감각지각(sense perception)의 세계가 비워질 때, 비로소 인간의 영혼은 물질세계에 그 영성을 드러내게 된다.

우리는 내면에 잠들어 있는 이런 '영적 존재'를 외부로부터 각성시킬 방법은 없다. 내면의 인간이 필요로 하는 공간은 그 누구도 외부에서 만들어줄 수 있다. 그래서 우리 모두는 원한다면 각자의 내면에 새로운 고차적 존재인 '참나(the inner true self)'를 탄생시키지 않으면 안 된다.

이 과정의 시작은 현재의 경험하는 '나'의 모습인 '현상적 자아(Phenomenal Self)'의 차원으로부터 빠져나와 전혀 다른 차원에서 자기를 바라보는(관찰하는) 자의 차원인 '초월적 자아(Transendental

Self)'를 탄생시키는 것이다.

이때 비로소, 우리는 자신이 단순히 물질적 세계에서 자신의 이익을 위해서면 사는 주체에 머무르지 않고, 자신을 점차 창조적 작업의 대상으로 인식하는 객관적 태도를 지니게 된다.

바로 여기에 '나'로부터 빠져나와 그 '나'를 보다 고차(高次)의 존재로 탈바꿈시키고자 하는 자각이 움틀 가능성이 있다고 하겠다.

또한 내면 의식 속에서 '경험하는 나'인 현상적 자아로부터 자기정관을 통해 '바라보는 나'인 초월적 자아를 탄생시키는 순간, 두 개의 자아는 철저히 분리된(새로 탄생된 또 다른 관찰하는 '나') '참나'에 의해 현상적 자아의 모습이 삶의 과정에서 지속적으로 비워지고, 버려지고, 없앨 때 비로소 가능하다(Deprogramming).

이때, 버려지고 바꿀 수 있는 것은 삶 자체가 아니라 삶을 바라보는 우리 각자의 세계에 대한 반응방식인 것이다. 우리가 보다 고차의 의식으로 진화하기 위해서는 우리 모두에게 이런 내면의 작업이 절실히 필요하다, 이것은 쉬운 일이 아니지만, 여기에서 더 나아가 우리의 내면 깊은 곳을 파고들어 어떤 특정한 힘 즉, 우리가 사는 세상에 대한 '사랑의 힘'을 각성시켜 그에 간직된 '신성의 씨앗'의 불을 댕기지 않으면 안 된다.

각성된 초월적 자아만이 내면의 지배자가 될 수 있으며 그때 비로소 진정한 의미에서 삶의 선택이 가능하고 그 '선택의 주인'이 되는 것이다. 현상적 자아가 주도권을 가지는 한, 내면의 '나'는 노예에 지나지 않으며 주체적 자아로서의 삶의 선택은 없다. 진정한 의미에서 나는 나 자신의 삶의 주인이 아니다. 우리 각자는 외부에서 쏟아져 들어오는 갖가지 인상과 정보를 자기가 원하는 방식으로 다시 프로그래밍 하여 자신에게 적용할 수 있을 때 비로소 선택의 주인이 되는 것이다.

코란(Koran)에서도 얘기하고 구르지예프(Gurjieff)가 말한 것처럼 우리 모두(인간의식)는 잠들어 있다. 즉 내면의 고차적 존재(Higher Being) 혹은 잠재력은 특별한 방법으로 각성시키지 않는 한 언제까지나 잠들어 있게 되며, 각자가 스스로의 힘에 의존할 수밖에 없다.

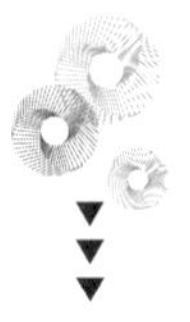

들어가며4: 연금술이란 무엇인가?

'연금술(alchemy)'은 의식 각성의 본질을 이해하는 데 있어서, 아주 적절한 은유를 제공한다. 연금술사들이 '현자가 가진 마법의 돌'을 써서 납을 금으로 만든다고 했을 때, 여기에서 말하는 납과 금은 단지 우리 마음의 내면상태에 대한 은유인 것이고, 납이 금으로 바뀐다는 것은 우리의 의식상태가 바뀐다는 것을 의미하는 것이다.

흔히 어떤 연금술사들은 일상적 마음의 상태를 석탄에, 각성된 마음의 상태를 다이아몬드에 비유하고 있다. 그러나 우리 모두가 알다시피 사실 둘은 동일한 탄소분자가 배열을 달리했을 뿐이다. 다이아몬드가 석탄의 변형에 불과하듯이 우리의 범상한 마음에서도 청정한 깨달음이 생겨날 수 있다는 의미인 것이다.

이런 마음의 각성을 연금술 은유와 관련지어 보면, 우리 앞에는 누구에게나 항상 자신이 살아가야 하는 두 차원의 현실이 있다.

하나는 지금까지 살아오면서 학습되고 습관화된 패턴에 지배되는 일상적 현실 즉, 석탄 상태에 머무르는 것이고, 또 다른 하나는 그런 조건화된 반응에서 벗어나 각자가 원하는 삶을 능동적으로 포착해 가는 창조된 현실 즉, 다이아몬드 상태로 만들어가는 현실인 것이다.

연금술은 정말로 금속들을 금으로 만드는 데 목적이 있는 것이 아니다. 연금술의 목적은 인간의 계몽에 있다. 납을 금으로 변화시킨다는 것은 은유에 지나지 않는다.

금은 변화라는 엔트로피를 거부하는 거의 유일한 금속이다. 시간이 흘러도 그 모습 그대로이며, 물에 담가 놓아도 땅에 묻어 놓아도 마찬가지이다. 이런 불변성 때문에 사람들이 금에 끌리게 되는 것이라는 주장도 있다. 연금술사들은 몇천 년이나 실험을 거듭했으나 대부분은 금과 전혀 다른 납을 금으로 바꾸지 못하였다. '납을 금으로 변화시킨다'라는 말을 말 그대로 받아들였기 때문이다.

연금술이 가지고 있는 진짜 의미는 납을 금으로 바꾸는 것이 아니라, 무지몽매한 낮은 수준에 머물러 있는 '인간'을 금같이 여러 방면으로 고귀한 영적이든 지적이든 '인간 혹은 신'으로 승화시키는 것을 의미한다. 연금술의 오래된 금언에서는 '인간이 바로 신이다'라는 구절이 있다. 이것은 납을 금으로 변화시키듯이 인간의 내면에 숨겨져 있는 잠재력을 끌어내어 신성화된 존재로 탈바꿈시키는 것을 의미하는 구절이다. 즉, 연금술의 진짜 목적은 인간의 계몽에 있다는 의미이다.

"현실에서 상상으로 가는 영성, 상상을 현실에서 이루는 연금술"

본문

본문의 제1장 '개념의 연금술', 제2장 '융합의 연금술', 제3장 '시간의 연금술'에서 3가지 주요 질문 즉 핵심질문, 중심질문, 부차질문은

첫째, 각 연금술 과정에서의 단계적인 연금술적 전환이 의미하는 바가 무엇이며,

둘째, 그 과정에서 연금술이 작동하는 방식, 그리고

마지막으로, 연금술사가 연금술에 의해 궁극적으로 도달하고자 하는 최종 목적 즉, 연금술사의 최종적인 의식상태는 어떤 것인지에 대해 독자들의 이해를 돕기 위해 마련되었다.

제1장

사회과학도에서 인간과학도로 전환, 유학시절 (1981~1992)

개념의 연금술

학인(學人)으로서의 첫 번째 실험 :

5개의 에피소드

1. 최고의 축복
2. 도시의 부랑자
3. 두 개의 태양
4. 말러의 음악
5. 고대 이집트인

제1화

내 생애 최고의 축복을 받다

풀브라이트 장학생으로 선정되다
- 내 생애 최고의 축복, '풀브라이터'

오랜 세월이 흐른 지금, 풀브라이트 프로그램(Fulbright Program, 대학원 미국 유학 장학금 정책)에 선정되었을 때의 감격이 아득한 옛일처럼 느껴지기도 하고, 마치 엊그제 꾸었던 꿈처럼 생생하게 다가오기도 한다. 이제 와서 돌이켜보면 44년 전 풀브라이터가 된 것이 학자로서의 나의 삶을 지탱해 주는 커다란 자부심이 되었던 것만은 분명하다.

내가 풀브라이터로 선정되었던, 유신 시대 말기에서 1980년대로 접어들던 당시는 참으로 암울한 시대였고, 어두운 잿빛 그늘이 한국 사회 전체를 짓누르고 있었다, 그때 나는 UCLA에서의 짧은 유학 생활에서 돌아와, KIST(한국과학기술연구소)에 선임 연구원으로 초빙되어 IBRD(세계은행) 연구 프로젝트에 참여하고 있었다. 홍릉 숲에 위치한 연구소는 당시의 어두운 사회 분위기와는 단절되어,

평화로운 일상을 유지했지만, 나는 밤낮으로 고통스러워했다.

비록 2~3년간의 짧은 기간이었으나 얼마 전까지 캘리포니아의 구름 한 점 없는 푸른 하늘과 아열대의 빛나는 태양을 맛본 터라, 가슴을 짓누르는 질식할 것 같은 당시 유신 시절 사회 분위기는 연구소 울타리 안이라고 해도 나에게는 전혀 위안이 되지 않았다. 그 당시에는 매일 밤 악몽을 꾸기도 했다. 정말이지 병이 날 지경이었다. 틈만 나면 연구소 밖으로 뛰쳐나와 그로부터 멀지 않은 서울 시내의 커피숍을 전전하며, 엑소더스를 꿈꿨다.

그럴 즈음 우연히 당시 비원(秘苑) 맞은편에 있던 가든타워빌딩 1층 커피숍에 발길이 닿았고, 이후 엑소더스를 꿈꾸던 나에게 그곳은 내가 자주 찾는 나만의 피난처가 되었다. 그곳은 나 혼자만의 시간을 가질 수 있는 곳이었다. 그렇게 자주 찾는 곳이었지만 오랜 시간이 흐르도록 나만의 피난처인 그곳 9층에 한미교육위원단이 있는 줄은 전혀 몰랐다. 그러던 어느 날 우연히 그곳에 눈길이 가 한미교육위원단에 들른 것이, 나의 운명을 바꾸는 계기가 될 줄은 꿈에도 몰랐다. 정말이지 그것은 나에게 구원의 순간이었고, 그 후 가슴을 짓누르던 느낌도 말끔히 없어져 본래의 생기를 되찾게 되었다. 그때, 나는 마치 새장에 갇혀 있던 새가 두 날개를 펼치고, 새로운 세계를 향해 날아가는 자유와 기쁨을 맛보았다.

돌이켜보면 풀브라이터로서 나의 유학 생활은 그토록 염원했던 것이기에, 나에게는 일생일대의 기적을 가져다준 소중한 순간들이었다. 그 후 나는 자유의 나라에서 내가 꿈꾸던 모든 것을 맛보았다. 그때의 기쁨은 나에게 아직도 어제 일이었던 것처럼 살아있다.

오늘날 나의 자유로운 사고와 존재 방식은 그 당시 유학 생활에서 시작된 듯싶다. 오랜 세월이 흐른 지금에도 가끔 황금빛 저녁노을을 바라보며 나 혼자만의 미소를 머금고, 펜실베이니아 대학에서의 유학 생활을 회상하곤 한다. 그리고 요즈음도 가끔 대학 캠퍼스 이곳저곳의 추억들을 더듬어보면서 잠자리에 들 때가 있다.

제2화

황량한 도시의 한복판에서 태양을 노려보다

도시의 부랑자(浮浪者)로 전락하다

- 우주 창조의 원천, 나선형 소용돌이를 보다
- 노숙자들과 친구가 되다

나는 아무래도 공부 체질은 아니었던 모양이다. Penn대학(University of Pennsylvania, 펜실베이니아 대학)에 도착하여 박사과정 공부를 시작한 지 얼마 되지 않아, 나는 도서관에 진득하게 앉아 있기보다는 도서관 앞에 있는 Penn대학 설립자인 프랭클린(Benjamin Franklin) 동상 앞 벤치에 앉아 노닥거리며 시간을 보내기 일쑤였다. 도서관에만 앉으면 오랜 시간을 버티지 못하고, 밖으로 뛰쳐나오곤 했다. 캠퍼스 이곳저곳을 다니면서 이 사람 저 사람과 만나 얘기하면서 많은 시간을 보내곤 했다. Penn대학은 도시 한 가운데 있어서 다양한 종류의 인종과 사람들이 자유롭게 만나 대화를 나누는 것이 매우 자연스러운 일이었다.

그러던 중 캠퍼스에서 자주 만나게 되는 커다란 배낭을 등에 지고 다니는 남자와 대화를 나누게 되었는데, 그는 이곳저곳 캠퍼스에서 마주칠 때마다 나와 눈인사를 나누는 사이가 되었다. 나를 볼 때마다 그는 등 뒤의 큰 배낭에서 무언가를 적은 노트를 꺼내어 나에게 보여주려 하는 것 같았다. 그래서 나는 호기심이 일어 캠퍼스 교정에서 자주 보게 되는데, 무얼 하는지에 대해 그에게 물어보게 되었다. 그는 기다렸다는 듯이 배낭 속을 뒤지는 듯하더니, 무언가를 꺼내어 나에게 보여주는 것이었다. 그가 나에게 보여준 것은 지역신문에 기고되어 인쇄된 그의 에세이였다. 그러면서 그는 자기가 노숙자(homeless)이기는 하지만 자주 글을 써서 지방 신문에 기고한다고 자랑스럽게 얘기하는 것이었다. 알고 보니 그는 선대에 미국으로 이민 와서 살게 된 북유럽 발트 삼국의 하나인 리투아니아 출신 이민자였다.

그 후에 대학 캠퍼스를 배회하는 그와 비슷한 많은 사람과 사귀게 되었고, 나는 우연히 만나게 된 그들 노숙자들과 친밀감을 느끼게 되었다. 가끔은 그들을 자주 가는 학생회관(Houston Hall)에 데리고 가서 내가 아주 좋아하는 오니언 베이글과 치킨 검보 스프(chicken gumbo soup)를 대접하곤 했는데, 그들과는 처지가 달라서 그랬는지 아주 피상적인 대화에서 더 깊이 나아가지는 못하였다.

Penn대학은 아주 오래된 대학이고 미국 최초의 종합대학(University)으로 캠퍼스 이곳저곳에는 명소가 많았는데, 그중에서도 내가 자주 찾는, 사람들의 눈에 잘 띄지 않는 으슥한 아이비(ivy) 담쟁이넝쿨로 뒤덮인 오래된 건물 사이 잡초가 우거진 공터가 몇 군데 있었다. 나는 그중 한 곳에 거의 매일 정오 시간이 한참 지난 오후

2~3시경을 기다려 의도적으로 줄곧 유심히 태양을 노려보곤 했다. 그러는 것이 어느덧 매일 일과처럼 되었는데, 어느 날 갑자기 태양을 노려보면서 그로부터 눈을 떼지 않고 호흡을 멈춘 채 내 마음속에 의미를 부여하는 숫자(11字)를 세면서 나의 소망을 자신을 향해 주문(呪文)처럼 반복해서 말하는 것이 어느덧 오랜 버릇이 되어 버렸다.

그러던 중 어느 순간부터 태양을 응시하면서 태양의 색깔이 옅은 푸른색으로부터 짙은 푸른색으로 변하고, 시선을 태양에 줄곧 고정한 채 계속 노려보게 되면 그 짙은 푸른색은 검푸른색으로 변하고, 그것은 다시 내가 태양을 노려보는 강도에 따라 때로는 옅은 푸른색에서 검푸른색으로, 다시 계속 더 노려보면 검푸른색으로부터 아주 짙은 남색으로 변하는 것이었다.

재미있었던 것은 색깔만 변하는 것이 아니라 내가 노려보는 강도에 따라 그 태양의 크기가 변하는 것이었다. 노려보는 것에 내 마음의 의도를 담아 더욱 집중할수록 그 색깔이 내 의지에 따라 더 짙은 남색으로 변하면서 크기가 더욱 오그라든 검은색에 가까운 흑점이 되는 것이었다.

그러기를 반복하다가 눈을 감았다가 다시 뜨면, 흑점이었던 부분을 중심으로 아래 그림과 같은 나선형의 소용돌이가 만들어져, 눈을 떴다 감았다 하면서 이렇게 태양을 노려보는 것이 나의 일상적인 유희가 되었다.

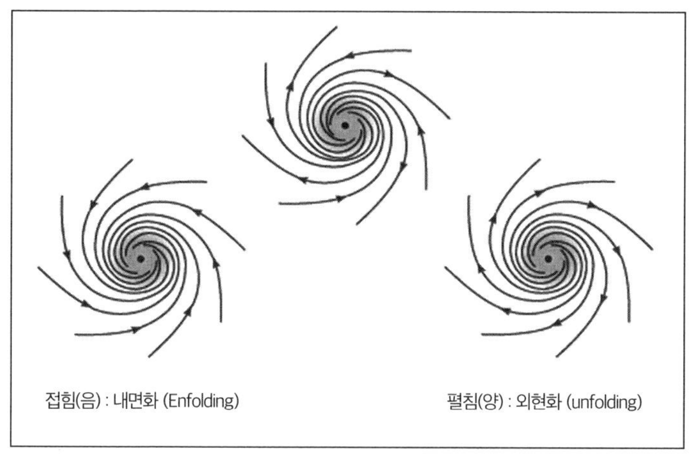

<그림 6> 우주창조의 몸짓 : 나선형의 소용돌이

이런 유희는 내가 Penn대학에 머물러 박사학위 논문을 쓰는 10년이 넘도록 계속되었고, 귀국하여 단국대학교(1992-2009)와 경희대학교 평화복지대학원(GIP: Graduate Institute of Peace Studies, 2011-2022)에서 교수 생활을 하는 동안에도 멈추지 않았다.

그리고 그 이후 교수 정년을 하고 부명산방(復明山房)에서 은거(2010-현재)하던 시절에도 계속되었는데, 이렇게 오랫동안 태양을 노려보는 것에 특별한 의미를 부여하는 것은 다름 아닌 이런 행위가 아래 그림에서 보여주는 것과 같은 내가 살아있는 이 우주 창조의 소용돌이 몸짓에 나 자신이 동참한다고 느끼기 때문이었다.

그럴 때마다 내가 본 이미지는 위 <그림 6>에서처럼 세 가지 형태의 소용돌이 몸짓으로 나에게 그 의미가 해석되었다.

첫째로 내가 본 것은 가운데 나선형의 소용돌이처럼 밖에서부터 안으로, 또 안에서 바깥으로, 가운데 흑점을 중심으로 양방향의 나선형 소용돌이로 펼쳐지고 좁혀지는 반복되는 이미지였다. 그것은 그 아래 왼쪽의 가운데 흑점으로 끊임없이 접히는, 내면화되는 소용돌이와 그 오른쪽의 흑점으로부터 끊임없이 펼쳐지는, 외현화되는 소용돌이가 동시에 합쳐진 이미지였다.

이런 나선형의 소용돌이는 나에게 우주가 창조되는 태초의 요동이자 모든 동작의 원형으로 생각되었다. 이렇게 끊임없이 태양을 노려보다 보면 이런 나선형의 소용돌이 몸짓은 나의 몸과 마음의 에너지장에 아주 미세하지만 강력한 파동을 일으키는 것처럼 느껴졌고 나 자신이 이런 우주의 몸짓에 동참한다고 느껴졌다.

제3화

두 개의 태양이 떠오르다(Two Suns Rising)

일상과 꿈결의 넘나듦에 대한 영감을 얻다

Penn대학 박물관에서 고대 이집트인의 생과 사의 세계에 대한 깨달음을 얻을 즈음의 일이었다. 그 당시에 나는 거의 매일 인간 의식의 두 열림에 대한 생각에 빠져 있었다. 그러는 한편 자주 대학 캠퍼스에서 빠져나와 시내를 향해 무작정 걷는 때가 많았다. 그 거리는 오래된 도시인 필라델피아의 아름다운 거리 모습이 그 끝 지점인 스컬킬(Schuylkill) 강에 이르도록 길 양 옆으로 고색창연한 4~5층의 오래된 건물이 펼쳐져 있었다. 나는 이렇게 언제부터인가 대학 캠퍼스에서 빠져나와 시내를 향해 걷는 것이 일상이 되어 있었다.

그날도 여느 때와 마찬가지로 캠퍼스에서 시작하는 체스트넛 스트리트(Chestnut street)를 따라 무작정 시내를 향해 걸을 때였다. 그때 대형서점의 쇼윈도에 전시된 책이 갑자기 눈에 띄었다. 그 책은 조나단 스타(Jonathan Star)가 편찬한 두 개의 태양이 떠오르도다

(Two Suns Rising)라는 제목의 성시(聖詩) 모음집(A Collection of Sacred Writings)이었다. 나는 부리나케 서점 안으로 들어가서 무작정 그 책을 구입했다.

그 표지 안쪽에는 책 제목과 같은 13세기 페르시아의 비저너리(Visionary) 시인, 루미(Rumi)의 시(詩)가 적혀 있었다. 내가 놀랐던 것은 내가 줄곧 생각해 온 두 개의 태양은 안팎의식의 빛을 상징하는 것으로 받아들여지게 되었고, 나중에 나의 박사학위 논문 주제가 된 인간의식의 두 열림으로 이어지게 된다. 그것은 정말이지 우연 아닌 우연으로 내 마음속 깊이 새겨졌다. 즉 그것은 일상과 꿈결의 넘나듦에 대한 영감을 얻게 된 직접적인 계기가 되었고, 또한 그 후 대학박물관에서 'The BA and The KA'를 성찰하며 인간의식의 두 열림에 대한 깨달음을 얻게 되는 계기가 되었다.

Two Suns Rising

What a day today.

There are two suns rising!

What a day,

Not like any other day.

Look!

The Light is shining in your heart,

The wheel of life has stopped.

Oh you who can see into your own heart,

What a day,

This is your day.

- Rumi

두 개의 태양이 떠오르도다

오늘, 기가 막힌 날
두 개의 태양이 떠오르는구나!
얼마나 기가 막힌 날인가.
오늘 이 날은 그 어느 날과도 다르도다.
보라!

태양이 그대의 가슴에서 빛나고,

삶의 수레바퀴가 잠시 멈추었도다.

오, 그대 자신의 깊은 가슴속을 볼 수 있는, 그대

이 얼마나 기가 막힌 날인가.

오늘이야말로 진정 그대의 날이도다.

- 루미

제4화

말러(Mahler)의 음악에서 구원을 받다

**심포니 No.2 부활교향곡(부활의 노래)과
심포니 No.8 천인교향곡(신비의 합창)을 듣고 절망에서 벗어나다**

Penn대학에서의 박사과정 공부는 매우 힘들었다. 사회과학도로서의 나를 무엇보다도 좌절하게 하고 미처 예상하지 못했던 것은, 내가 정작 관심을 가졌던 K. Marx와 M. Weber의 '합리성 이론의 재구성'이라는 주제를 실질적으로 다루기 이전에 박사과정 자격시험을 치르기 위한 여러 단계의 필수적인 계량경제학 및 난해한 고급 통계학 시험을 먼저 통과해야 하는 것이었다.

이런 미분·적분 고급수학이 관련된 이런 종류의 공부는 내가 가장 싫어하는 것이기도 하고 박사학위 논문 주제와 관련해서도 그 의미를 발견하기 힘들었다. 매일매일 잠 못 이루는 밤이 계속되었다. 그러는 한편 정작 박사학위 논문 주제 자체에 대한 생각조차 떠오르지 않아 거의 박사과정 공부를 포기해야 하지 않나 하는 극단적인 생각까지 갖게 되었고 그만 귀국하고 싶은 마음만 가득했다. 이때 나를 괴롭힌 생각은 왕복 비행기 표에다가 4년간의 미국무성 풀브라이트 전액 장학금을 받은 것에 대한 책임감, 그리고 다른 무엇보다도 나를 공항에서 떠나보낼 때 아무 말 없이 그윽하게 바라보던 어머니의 기대에 찼던 시선이 자꾸 떠나지 않고 어른거리는 것이었다.

그런 고뇌에 찬 절망적인 시간은 계속 흘러갔고, 어느덧 이러지도 저러지도 못하는 가운데 2~3년이라는 세월이 지나가고 있었다. 이렇게 마음의 고통이 극에 달해 잠 못 이루던 어느 날 밤, 그때도 나는 여느 때와 마찬가지로 캄캄한 방 한가운데 모든 불을 끈 채, 내가 어떤 비참한 상황에 처해 있는지 아무것도 모른 채 캄캄한 어둠 속에 곤히 잠들어 있어 보이지도 않는 아내의 얼굴을 떠올리며 절망 속에 빠져 있을 때였다. 어느덧 자정이 가까워져 있었고, 무심코 FM클래식 채널을 켠 순간 그곳에서 천상(天上)에서 흘러나오는 것 같은 음악 소리에 나는 한순간 온몸이 전율에 휩싸였다.

그 곡은 나중에 알게 된 사실이지만, 브리지트 파스밴더(Brigitte Fassbaender)가 부른 말러의 곡으로서 말러가 1984년 2월, 당시 유명한 지휘자 한스 폰 뷜러의 장례식에 참석하여 그곳에서 연주된 프리드리히 고틀리프 클로프슈토크의 시에 영감을 받아 작곡한 <태초의 빛>과 <부활의 노래>였다.

날이 밝자마자 나는 클래식 음반을 파는 대형서점 보더스북(Borders book)으로 곧장 달려가 그 음반을 구입하고 곧이어 말러 음악을 들을 수 있는 자그마한 SONY CD player를 구입했다.

그 당시 나를 전율에 휩싸여 절망의 구렁텅이로부터 나를 구원해

준 그 두 개의 곡 <태초의 빛>과 <부활의 노래>의 가사는 다음과
같다.

太初(태초)의 빛, Primordial Light

오 붉은 장미여!

인간은 큰 위기에 처해 있구나!

인간은 큰 고통에 처해 있구나!

차라리 나 하늘에 머물리라.

나 넓은 길로 나아갔더니

천사가 다가와 나를 막네.

나를 막지 마시오!

나는 신에게서 났으니 신에게로 돌아가리라

주님은 나에게 빛을 주실 것,

그 빛은 영원한 생명에 이르기까지 나를 비추리라.

- '어린이의 이상한 뿔피리'의 가사를 차용

부활의 노래

일어나라, 자, 일어나라.

나의 죽음이여.

고요의 찰나 이후에

영원한 삶! 영원한 삶!

그것이 너를 부른다!

너는 씨 뿌려져 다시 소생할 것이니!

농부가 와서

볏단을 수확할 것이다.

우리를 위해, 죽은 자를 위해.

오, 믿어라, 나의 마음이여, 오 믿어라:

너는 어떤 것도 잃은 것이 아니다!

네가 바로, 그래, 네가 바로, 네가 그리워했던 것이다.

네가 바로 네가 사랑했던 것,

네가 얻고자 싸웠던 것이다!

오, 믿어라,

너는 까닭 없이 태어나지 않았다!

까닭 없이 살아있는 것이, 까닭 없이 견디는 것이 아니다.

살아있는 모든 것은

반드시 흙으로 돌아가리!

죽은 모든 것은, 다시 일어나리라!

두려움을 거두라!

삶을 준비하라!

오, 고통이여! 모두가 피할 수 없는 것!

나는 고통에서 나오리!

오, 죽음이여! 모두를 지배하는 것!

이제 네가 지배당하리라!

날개를 달고, 내가 얻어낸 날개를 달고,

저 뜨거운 하늘에서,

나 날아오르리라.

빛을 향해, 세상이 모르는 빛을 향해!

나는 살기 위해 죽으리라!

일어나라, 그래, 다시 일어나

그대 내 마음이여, 어서 일어나라!

그대가 가진 고통은

그대가 가진 고통으로 인해

신께로 너를 옮기리라!

이 음악을 듣는 순간부터 나는 말러의 음악에 미칠 지경으로 몰입하게 되었고, 곧이어 말러의 모든 교향곡 음반(1번에서 10번까지)을 구입하여 그중에서도 2번 부활교향곡과 8번 천인(千人)교향곡을 밤낮으로 듣기 시작했다. 그 당시 나는 괴테의 파우스트(Faust)를 음악화한 괴테의 '신비(神秘)의 합창(CHORUS MYSTICUS)'에서의 마지막 장면 '영원한 여성성이 우리 모두를 이끌어 올린다(the Eternal Feminine leads us aloft)'라는 말에 가슴 깊이 공감했고, 그 가사에서 나는 세속에서 방향을 잃고 절망 속을 헤매고 있던 나 자신을 마치 천상의 세계로 이끌어 올려 전혀 새로운 인간으로 정화시켜 태어나게 해 준다는 느낌을 받았다.

Chorus Mysticus, 신비의 합창

일체의 무상한 것은
그저 비유이니
미칠 수 없는 것이
여기서는 이루어지고
말로 할 수 없는 것이
여기서는 실현되네.
영원한 여성성이
우리 모두를 이끌어 올린다.

　이렇게 말러의 음악에 빠져 나는 수년의 세월을 보내게 된다. 이 때 나는 개인적으로 나의 유학생활에서 재정적으로 가장 참담한 상황 속에서 생활하게 되었는데, 이미 오래전에 풀브라이트 장학금은 떨어졌고, 대학 캠퍼스에서도 아주 멀리 떨어진 필라델피아의 아주 오래된 험악한 구시가지 가난한 거리에 방을 얻어 지내고 있었기 때문이다. 그럼에도 불구하고 말러의 음악은 나에게 구원이 되었다. 특히 말러의 천인 교향곡은 연주 시간이 1시간 20분씩이나 지속되었는데도 불구하고, 음악이 시작되어서 끝날 때까지 나는 미동도 하지 않은 채 황홀경 속에서 매일 같이 말러 음악에 빠져 지내게 되었다.

제5화

펜실베이니아 대학 박물관에서 고대 이집트인의 생(生)과 사(死)의 세계(the BA and the KA)를 성찰하며 인간의식의 두 열림에 대한 깨달음을 얻다

Penn대학에서 유학생활을 시작한 지 수년의 세월이 흐른 후 나는 대학중앙도서관(Lippincott Library)에 가서 공부하다가 지루해지곤 하면 대학박물관에 들려 이것저것 구경하며 시간을 보내는 것이 버릇이 되었다. 나는 도서관 체질이 아니어서 그런지 대학도서관에만 가면 가슴이 답답해지고 지루해져 내가 해야 하는 전공인 사회과학과 관련된 지적인 작업에는 얼마 시간이 지나지도 않아 곧 흥미를 잃곤 했다. 그럴 때마다 나는 나의 휴식처인 대학박물관(University Museum of Art)을 찾아가곤 했다. 박물관에 들어서면 아름다운 연꽃이 있는 제법 큰 정원 연못이 있었고, 나는 그곳 연못 언저리에 앉아 멍하니 연꽃을 바라보며 이런저런 상념에 젖곤 했다.

박물관에 들어서면 그곳 로비에는 이집트 사자의 서(死者의 書 : The Book of the Dead)를 비롯하여 여러 가지 흥미로운 것들이 많이 진열되어 있었는데, 특히 그 입구, 지하를 향하는 길고 좁은 계단 왼쪽 벽면에는 내가 보기에 참으로 놀라운 것이 진열되어 있었다. 자세히 보니 그것은 고대 팔레스타인 지역에서 전쟁할 때 사용하던 잘 다듬어진 돌들이었다. 상상하기에 그것들은 당시 고대인들이 사용하던 신무기였을 것이라는 생각이 드니 신기했다.

박물관은 여러 층에 걸쳐 큰 방들로 꾸며져 있었는데, 어느 방에 들어가니 기원전 16세기 고대 이집트인 남자의 미라가 유리관에 하늘을 향한 채 전시되어 있었다. 매우 인상적이었던 것은 검은 황갈색 시신 전체가 남근을 비롯해 손톱 끝에서부터 발톱 끝까지 매끄러워 보일 만큼 잘 보전되어 있었다.

또 다른 거대한 방(아마도 기억하기로는 Memphis Hal이라 이름 붙여진)에는 스핑크스(Sphinx)가 진열되어 있었는데, 그 신비로운 웅장한 모습에 이끌려 나는 그 주변을 서성거리며 몇 시간이고 그곳을 떠나지 못하고 머물곤 했다. 어떤 때는 그 멤피스 홀을 지키고 있는 동유럽 체코 출신의 여자 경비 직원과 대화를 나누곤 했는데, 그 직원이 다른 방을 둘러보느라 가까이 없을 때는 그 직원이 보지 않는 틈을 타 몰래 스핑크스의 손과 발, 그리고 엉덩이 부분을 내 손으로 만지거나 쓰다듬곤 했다. 그럴 때면 어떤 알지 못할 어떤 신비로운 힘과 기운이 내 몸 안까지 느껴지는 듯했다. 나중에 안 사실이지만, 한두 달 동안 유럽 여행을 할 기회가 있었다. 그때 영국의 대영박물관에 들려 커다란 방에 스핑크스가 Penn대학 박물관에서 본 것처럼 방 한가운데 전시되어 있었다. 그때 놀란 것은 Penn대학에 전시

되었던 스핑크스가 대영박물관의 스핑크스보다 훨씬 매끄럽고 섬세하게 보존되어 전시되어 있다는 점이었다.

또 어떤 방의 벽면에는 'the BA and the KA'라는 제목의 벽화가 걸려 있었는데, 그곳에는 고대 이집트인의 생(生)과 사(死)의 세계에 관한 믿음이 적혀 있었다.

B.C. 3,100년에서 A.D. 300년에 이르기까지 이집트인들은 죽음은 단순한 소멸이 아니며 또 다른 존재로 이행해 가는 과도기라고 믿었다. 그래서 만약 죽은 자가 올바른 삶을 살고 그가 죽은 후 올바른 장례의식을 치르면 다른 세계로 옮아가 영원히 살게 된다고 믿었다.

이 새로운 세계에서 그 죽은 자는 신들과 동격이 되어 마법의 힘을 지니게 되고 사후세계에서 당면하는 수많은 위험을 없애고 살아 있을 때의 인간의 모습을 그대로 지니며 살 수 있게 된다고 믿었다. 그러기 위해서는 살아 있는 세계와의 지속적인 접촉이 요구되며, 미라(Mummy)라는 그림자(Shadow) 형태로 변함없이 존속되어야 한다고 믿었다.'

그래서 고대 이집트인들은 태어나자마자 '카(KA)'라고 불리는 또 다른 존재인 '더블'(double)'로 초자연적 영역에 머물며 존재하게 되는 것이라고 믿었다. 이 KA는 살아 있는 자들과 마찬가지로 미라가 된 시신에 생명력을 제공해 주게 되고 사후에도 영생을 보장해 준다고 믿은 것이다. 다른 한편 '바(BA)'는 이런 강력하지만 소극적인 KA와는 다르게, 보다 적극적인 존재로, 죽은 자에게 그가 원하는 어떤 형태의 능력이라도 가능하도록 구현시켜 주는 존재라고 믿었다. 그것은 새의 머리를 한 인간의 모습으로 표현되어 자유롭게 어디든지 그가 원하는 대로 다닐 수 있는 것으로 상징화되었다.'

여기에서 나는 고대 이집트인들의 생(生)과 사(死)의 세계(the BA and the KA)를 성찰하며 나의 박사학위 논문 주제인 '일상과 꿈결의 넘나듦, 즉 인간의식의 두 열림을 향하여'에 대한 깨달음을 얻게 되었다.

세 가지 질문

1. 핵심질문

2. 중심질문

3. 부차질문

1. 핵심질문

: **Marx**와 **Weber**의 합리성 개념을
복원하고 재구성한다는 연금술적 의미는 무엇인가?

하나의 커다란 탐구영역으로서의 사회과학은 K. Marx(1818 - 1883)와 M. Weber(1864 - 1920)라는 두 거목에 의해 비로소 시작되고, 두 사람이 설정한 방법론적·개념적 테두리 안에서 그 탐구적 사명을 다하는 것으로 보인다. 그러나 Marx와 Weber를 잇는 후대의 추종자들은 그 두 사람의 본래의 순수한 탐구 의도와는 상관없이 오늘날까지 두 진영으로 나뉘어 반목과 대립을 해오고 있는 형편이다.

따라서 여기에서 사회과학적 관점에서 합리성 개념을 재구성한다는 것은 전략적으로 그 개념에 관해 Marx와 Weber가 전혀 의도치 않았던 이런 '적대적' 만남을 '화해적' 만남으로 양자의 합리성 이론을 재구성하는데 그 의미가 있다고 하겠다.

이상과 같은 비판적 복원이 이루어진 결과 4개의 개념범주가 도출되었다.

즉, (i) 주체/체제의 변증법(dialectics) 및 (ii) 상황/구조의 창발법(heuristics)이라는 '준거 틀(metaframework)'이다. 이것으로 기존의 주

류 계획이론을 조명한 결과, 계획적 사고에 있어서 흔히 범해지는 '오류의 두 유형(the two types of fallacy)'을 발견하게 되고, 그에 따르는 합리성 개념의 재구성이 이루어지게 된다.

2. 중심질문

: 재구성을 넘어서 즉, **Marx**와 **Weber**의 사회과학적
　통찰을 뛰어넘어 인간과학적 관점으로의 연금술적
　전환이 의미하는 바는 무엇인가?

이 지점에서, 우리는 일찍이 Marx와 Weber가 구성한 합리성에 관한 사회과학적 통찰을 뛰어넘을 필요가 있다. 여기에, 본 연구에서 주장하는 이른바 '성찰적 접근방법(reflective approach)'을 통한 인간과학적 관점으로의 전환의 필요성이 있다고 본다. 이것은 인간의 식의 두 열림을 향하는 「안·팎」의식의 만남을 의미한다.

다시 말하면 합리성은 바깥현실 즉, 인식대상 영역에 대한 ('타자준거적 전회'에 의한) 객관적 인식에 근거하여 밖으로부터 주어지는 것이 아니라 의사결정 주체의 ('자기준거적 전회'에 의한) 인식주체의 영역 즉, 주관적 인식 자체에 의해 만들어지는 것이다. 즉 본질적으로 자기갱신과 자기초월을 하려는 행위 주체의 성찰성에 의해 끊임없이 재구성된다는 의미이다. 그러므로 인간의 의사결정 과정이라는 것은 행위 주체의 매 선택의 순간에 있어, 경험적-현상적 자아가 바깥세계(의사결정 환경)에서 추구하는 '합리성'이, 그때마다 주체적 자아가 탄생시키는 또 다른 내면의 도덕적-초월적 자아에 의해 끊임없이 성찰적으로 안팎의식의 만남에 의해 재구성되며 연금술적 전환이 이루어지는 과정이라고 할 수 있다.

3. 부차질문

: 두 단계의 변증법에 의한 연금술적 전환이
   이루어진다는 의미는 무엇인가?

다시 말해서 계획 주체의 인식대상 즉 상호주관성(inter-subjectivity) 영역에서의 객관적 인식노력(첫 번째 단계의 객관적 변증법)이 인식 주체의 영역에서의 자기갱신과 자기초월을 통한 주체적 결단(두 번째 단계의 주관적 변증법)에 의해 결국 내포되고 초월되는 연금술적 전환이 이루어짐을 의미한다.

이는 계획 주체의 자기성찰(self-reflection)을 통한 내적주관성(inner-subjectivity)에 개념적·실천적 우위성을 부여하여 후자가 전자 즉 상호주관성 영역을 포괄(bracketing)하여 초월하게 되는 두 단계의 변증법적 의사결정 모형인 것이다.

여기에 합리성 개념이 사회과학적 관점에서 인간과학적 관점으로의 연금술적 전환이 이루어지는 의미가 있는 것이다. 다시 말해서, 합리적 의사결정과 선택은 궁극적으로 인간의 몫인 것이다.

첫 번째 실험 : 개념의 연금술

유학시절

의사결정 행위에 있어 합리성의
변증법적 발현 과정에 관한 방법적 시론

I. 들어가며 :

1. 새로운 계획패러다임을 지향하며

계획이론을 구성하는 데 있어서, 합리성 개념이 중심 개념이라는 데에는 아무도 이의를 제기하지 않을 것이다. 이제까지 계획가는 물론이고 정책 수립에 종사하는 모든 사람들의 사고를 지배하고 있는 가장 주된 교리가 있다면 그것은 바로 좁은 의미에서의 '도구적 합리성(instrumental rationality)' 개념이다. 지금도 여전히 이 개념은 모든 의사결정 행위의 금과옥조로 여겨지고 있으며, 객관적 기준을 제공해 주는 것으로 받아들여지고 있다. 본고는 지금까지 우리의 계획적 사고(planning thinking)를 지배해온 거의 이념화된 이런 전통적 합리성(rationality) 개념에 대해 근본적 인식전환을 시도하게 된다.

현대 계획이론 분야의 두 거목이라고 할 수 있는 J. Friedmann (1973)과 A. Faludi (1973, 1982, 1985)도 합리성 개념이 계획이론에서 가장 중요한 주제를 구성한다고 주장하고 있다. 그래서 합리성의 문제는 그들 대부분의 이론적 논의의 주제로 등장하고 있다. 이

들은 오랫동안 주장해 오기를, 계획이론의 주된 목적은 우리가 어떻게 지식을 행동으로 실천하느냐에 관한 메타-이론적 문제를 해결하는 데 있다고 보았다. 더 나아가 그들은 이것이야말로 합리성 개념을 구성하는 가장 핵심적인 문제라고 주장한다. 우리도 만약 그들의 주장처럼 합리성 개념을 계획이론 구성의 주요 목적으로 인식한다면, 합리성 개념을 선택하는 것이야말로 계획 방법론에 있어서 가장 핵심적 과제가 된다고 볼 수 있다.

이와는 달리, 보다 비판이론적인 관점에서 합리성 문제는 Habermas의 메타-이론을 구성하는 매우 중요한 탐구대상으로 대두되고 있다. Habermas도 <합법성 위기(Legitimation Crisis, 1975)>라는 저술에서 합리성 개념을 선택하는 것이야말로 계획이론을 구성하는 데 가장 결정적인 중요성을 지니는 것이라고 주장한다.

무엇보다 본 연구는 합리성 패러다임 전환의 가능성을 사회과학적 탐색은 물론 인간 과학적 관점에서도 모색하는 것이 될 것이다. 이런 시도는 '인간 주체성'의 복원을 그 목표로 하고 있다. 그 이유는 지금까지 사회과학이 주로 추구해 온 합리성 추구 행위의 객관적 인과기제에 대한 탐구는 너무나 당연시된 기본전제였다. 그러나 최근 들어 주체적 자아라는 존재가 의사결정 과정의 합리적 선택기제 안에서 어떻게 작용하는지를 고찰하는 것 또한 그에 못지않은 주요 관심사로 등장했기 때문이다.

즉 인간의 의사결정 행위에 있어서 지금까지 가장 핵심적 준거로 여겨져 온 합리적 이성 중심의 사고방식이 지닌 한계를 극복하는 동시에 새로운 인식의 가능성의 지평을 여는 데 그 목적이 있다고 하겠다. 다른 말로 표현하면, 인간의 의사결정 행위에 있어 주체적 자아의 본질은 인간의 자유의지에서 비롯한 자기창조 (auto-poiesis)를 향해가는 역동적이고 창발적 속성이라고 전제되어야 한다. 그러나 이런 인간내면의 궁극적 실체라고 할 수 있는 주체적 자아는 전통적으로 사회과학적 탐구의 대상에서 제외 되어왔다. 때문에 인간의 의사결정 과정에는 객관적이고 결정론적 인과기제를 넘어서는 행위 주체의 자유의지가 있다는 인식론적 전제를 필요로 한다. 본 연구의 목적은 이런 전제에서 합리적 의사결정 과정에 인간 고유의 '내적 주관성(innersubjectivity)' 즉, 주체성을 복원하는 것이 된다.

이런 맥락에서 본고에서는 구미에서 새로운 인식론으로 등장하고 있는 능동적 구성주의(positive constructivism)를 근거로 하여 의사결정 행위에 관한 인식론적 기반을 삼고자 한다. 능동적 구성주의는 기존의 전통적 인식론과 달리 객관적으로 존속하는 사실로부터 시작하는 것이 아니라, 행위 주체가 지닌 인간의 인식가능성으로부터 시작하여 인식의 문제를 풀려고 한다.

전통적인 인식론의 논의는 인간의 일상적 경험의 배후에 있다고 생각되는 실재에 대한 질문으로부터 시작한다. 그러나 최근에 와서 현대과학의 연구 성과에 힘입어 이런 배후에 있는 실재가 우리 인간의 인식 그 자체라는 사실이 밝혀지고 있다. 신경생리학자이며 인지이론가인 Maturana와 Varela(1979)는 자기창조(auto-poiesis)라는 개념을 사용하여 이런 인지과정을 모든 살아 있는 체계의 자기조직(self-organization) 원리로 파악하고 있다.

이런 인식전환은, 인간의 합리성 탐구행위에는 상호주관적인 의사결정 환경에 대한 객관적 인식은 물론이거니와 행위 주체의 자기성찰적이고, 더 나아가 자기초월적 과정이 존재한다는 것을 의미한다. 그렇게 함으로써 의사결정 주체를 계획이론 구성에 있어서 그 본래의 중심적 위치로 자리매김하는데 본 연구의 궁극적 목적이 있다고 하겠다.

2. 메타 이론적 구성

Webster 사전에서는 '메타-이론'을 "이론 그 자체에 관해 연구하고 분석하고 기술하는 것"으로 정의를 내리고 있다. 이런 정의야말로 본 연구에서 목표하는 것을 적절히 표현하고 있다고 보인다. Webster 사전에는 '메타(meta)'의 의미를 세 가지로 정의 내리고 있다.

(i) 뒤에 발생하는: 뒤를 이어서: 후에: (ii) 뛰어넘어서: 초월하여: 보다 고차의 논리적 형태에 관한: (iii) 어떤 것의 변화: 어떤 것의 근본적 변화(Unabridged, Webster's Third New International Dictionary, 1986)

상기한 세 가지 의미가 본 연구를 구성하는 가장 기본적인 요소가 될 것이다.

첫째로, 본 연구에서는 합리성 문제가 K. Marx와 M. Weber의 합리성 이론 구성의 뒤를 잇는 맥락에서 이론적으로 제기되고 있다는 점이다. 이들이 사회과학 분야에 있어서 합리성이라는 주제에 관해 어느 누구보다도 위대한 통찰을 했다는 점에 대해서 아무도 이의를 제기하지 않을 것이다.

그러나 최근까지 계획 분야에서 사용하는 합리성에 대한 지배적 개념은 매우 편협할 뿐만 아니라 Marx와 Weber의 합리성 개념에 대한 잘못된 해석에 기반하고 있다고 보인다. 따라서 계획 분야에서의 합리성 개념은 예외 없이 이들의 이론적 비전을 잘 반영시키지 못하는 방향에서 논의되어 왔다.

그래서 본 연구는 위의 두 사람의 합리성 이론을 재구성하는 작업으로부터 시작할 것이다. 이것이 본 연구에서 합리성에 관해 메타-이론을 구성하는 첫 번째 의미이다.

둘째로, '메타'는 "뛰어넘어서" 혹은 "초월하여"라는 두 번째 의미를 가리키고 있다. 본 연구의 주요 전제는 Marx와 Weber의 합리성 개념을 다시 분석함으로써 현대 계획이론에 있어서의 합리성 개념의 문제를 체계적으로 성찰할 수 있는 이론적 기초를 마련하는 데 있다. 그러나 이런 작업 즉, 위 두 사람의 이론에 대한 재구성이 본 연구의 주된 목적이 아니며, 이보다는 이런 재구성을 디딤돌로 하여 새로운 계획 패러다임을 탐색하려는 데 있다. 이것은 곧, 위 두 사람의 합리성 이론의 재구성을 "뛰어넘는" 다는 점에서 메타-이론 구성의 두 번째 의미를 찾을 수 있다.

셋째로, 앞의 '메타'에 관한 두 가지 의미의 당연한 결과로써, 어떤 것의 근본적 변화라는 연구목표를 지니게 된다. 따라서 본 연구의 궁극적 목표는 단순한 이론적 재구성을 뛰어넘는 작업이 되어야 한다. 때문에 지금까지의 계획의 합리성 개념에 관한 지배적인 사고를 근본적으로 변화시키는 즉, 현대 계획이론을 대체(theory replace-ment) 하는 작업이 될 것이다. 이런 점에서, Friedmann과 Faludi의 합리성 개념에 대한 이론 구성은 본고에서의 시도에 비해 충분치 않은 것으로 보인다.

이런 맥락에서 본고에서는 변증법적 방법론을 적용하여 합리성에 대한 새로운 개념화 작업을 시도할 것이다. Markovic (1974: 24)가 적절히 표현한 것처럼 변증법적 방법이 지니는 특성은 "(i) 먼저 각 이론체계의 본질적인 한계를 발견하는 것이며, (ii) 둘째로는 그런 이론적 한계를 뛰어넘을 수 있는 구체적인 이론적 가능성을 보여주는 데 있다."

II. Marx와 Weber의 합리성 개념의 복원과 그 재구성

하나의 커다란 탐구영역으로서의 사회과학은 K. Marx와 M. Weber라는 두 거목에 의해 비로소 시작되고, 두 사람이 설정한 방법론적·개념적 테두리 안에서 그 탐구적 사명을 다하는 것으로 보인다. 그러나 Marx와 Weber를 잇는 후대의 추종자들은 그 두 사람의 본래의 순수한 탐구의도와는 상관없이 오늘날까지 두 진영으로 나뉘어 반목과 대립을 해오고 있는 형편이다.

따라서 나로서는 여기에서 사회과학적 관점에서 합리성 개념을 재구성한다는 것은 전략적으로 그 개념에 관해 Marx와 Weber가 전혀 의도치 않았던 '적대적'만남을 '화해적'만남으로 양자의 합리성 이론을 재구성하는데 그 의미가 있다고 하겠다.

의사결정 행위의 합리성을 구성하는 데 있어서, Weber의 합리성 개념은 좋은 출발점을 제공해 주는 것처럼 보인다. 이는 많은 계획 이론가들, 특히 합리적 이론가들은 물론 비판적 이론가들조차도 그의 부분적인 합리성 개념 즉, 도구적 합리성 같은 것을 계획이론을 구성하는 출발점으로 삼고 있기 때문이다. 다른 한 편, 계획이론 분야, 특히 최근의 합리성에 대한 논의에서조차도 Marx의 합리성 개념은 좀처럼 찾아보기 힘들다. 이것은 Weber의 합리성 개념을 많은 계획이론가들이 자주 인용하는 것과 큰 대조를 이루고 있다.

그럼에도 불구하고 Weber의 합리성 개념 또한 많은 계획이론가들에 의해 '좋고/나쁨' 그리고 '찬성/반대'라는 이분법적 입장에서 다루어져, Weber가 원래 의도했던 포괄적인 이론적 비전을 왜곡시키는 결과를 낳고 있는 실정이다.

이제부터는 합리성에 관한 Marx와 Weber의 이론을 방법론적으로 간략히 비교분석하고자 한다.

Marx와 Weber가 사용한 합리성 개념은 그들 이론의 실질적 차이에도 불구하고 본 연구를 수행하는 데 있어 매우 중요한 방법론적 함의를 제공해 주고 있다. 이런 주장이 성립되기 위해서는 그들 이론의 기본적 차이점은 물론 공통점을 간략히 검토할 필요가 있다.

특히, 세 가지 측면에서 양자의 합리성 이론이 비교 검토될 것이다. 즉, 첫째 이론적 출발점의 차이점, 둘째 합리성 원리의 이원성이라는 공통점, 마지막으로 방법론상의 차이점이라는 세 가지 관점에서 검토될 것이다.

1. 이론적 출발점의 상이점: 보편성과 특수성

사회이론을 구성하는 패러다임의 관점에서 두 사람은 전혀 다른 출발점을 갖고 있다.

Weber(1947: 184-186)는 먼저 합리성 개념을 인간의 4가지 형태의 행위 - 즉, 정감적, 전통적, 가치합리적 및 도구적 합리성으로 구분하여, 이를 체계화하는 작업에서 시작하고 있다. 그는 합리성에 관한 이런 4가지 이념형(ideal-type)을 인간(Homo Sapiens)이면 누구나 수행하는 보편적 능력으로 보았고, 이런 합리성을 사회적 발전이나 역사와는 무관한, 인간이 지니는 인류학적 특성으로 개념화하고 있다. (kalberg, 1980: 1148)

이와는 대조적으로, Marx(1979: 3-5)는 인간의 본질에 대한 유물론적 개념을 전개하고 있다. 인간을 특수한 사회적 관계나 역사적 현실과 동떨어져 추상적으로 개념화하는 것을 거부하고, 인간이란 존재는 사회적 관계의 산물로서만 이해될 수 있는 것이라고 주장한다.

본고에서는 이런 정반대의 상반된 두 사람의 이론적 입장의 차이를 화해시키는 노력은 하지 않을 것이다. 그러나 두 사람의 이론을 방법론적으로 연관시키기 전에, 이런 상이한 출발점에 대해 분명히 인식할 필요는 있다고 보인다.

2. 합리성 원리의 이원성: 주체와 체제의 차원

두 사람의 합리성 이론구성을 방법론적으로 가장 잘 이해하기 위해서는 두 사람 공히 합리성을 행위주체(action level)와 사회체제(systems level)라는 두 개의 차원에서 접근하고 있다는 점을 알아야 한다.

합리성을 두 사람 모두 주체와 체제라는 차원에서 이원적으로 접근한 것은, 행위주체(decision maker)의 합리성(rationality of action)과 계획 환경(decision environment) 의 체제적 합리성(systems rationality)이 역동적으로 만들어 가는 양자 간의 변증법적인 관계를 동시에 분석해야 하는 것을 의미한다.

Marx와 Weber의 합리성 이론의 중요한 방법적 전제라고 할 수 있는 이런 합리성 원리의 이원성(the duality of rationality principle)에 대한 인식이야말로 합리성에 관한 논의에서 빼놓을 수 없는 가장 중요한 점이라고 할 수 있다.

3. 방법론상의 차이점: 상황논리와 구조논리

앞서 언급한 공통점에도 불구하고, 내용적으로 보다 근본적인 측면에서 두 사람은 다르다. 구체적으로 말해서 그 방법적 차이점은 Marx의 자본제적 생산양식(capitalist mode of production)에 관한 변증법(dialectics)과 Weber가 그의 사회과학 방법론에서 제시하는 이념형(ideal-type)에 관한 창발법(heuristics)이 그것이다.

물론 변증법과 창발법이 각기 두 사람의 이론체계에서 차지하는 방법론상의 중요성은 동일한 것이지만, 내용적으로 양자는 전혀 다른 분석방법과 결론을 제시하고 있다.

Marx의 유물사관(唯物史觀)으로부터 우리가 추론할 수 있는 합리성 원리는 기본적으로 모순관계에 있는 생산력과 생산관계로 이루어지는 생산양식에 의해 체제차원(systems level)에서 구조적으로 결정된다는 것이다.

그리고 생산관계는 계급적으로 대립하는 두 합리적 주체(two rational actors)간의 행위차원(action level)에서 구성된다고 본다. 여기에서 Marx는 사회적 합리성을 결정해 가는 것은 후자 즉, 갈등하는 두 행위주체(노동자와 자본가) 차원보다는 전자, 즉, 자본주의 체제차원에서의 구조적 모순에 개념적 우위성(conceptual primacy)을 부여한다. 따라서 Marx의 합리성 패러다임은 생산 패러다임(paradigm of production)이라고 규정할 수 있으며, 여기에서 그는 자본주의 체제가 지니는 구조논리(logic of structure)를 특히 강조한다.

이와는 대조적으로 Weber는 행위차원(action level)에서 합리성 개념을 4가지 이념형 즉, 정감적(affectual), 전통적(traditional), 가치-합리적(value-rational) 및 도구적(means-ends) 합리성으로 구분하는 데서 출발하고 있다.

여기에서 그는 더 나아가 4가지 합리성 중에서 목적-수단, 즉 도구적 합리성이 지배적 사회조직 원리로 다른 합리성을 압도하게 된 결과, 이런 행위주체 차원에서의 도구적 합리성 추구가 궁극적으로는 자본주의체제 성립 과정에서 거시적이며 동시에 전 사회적 차원에서의 합리화 과정(process of rationalization)을 만들어 가는 동인으로 본다(Kalberg: 1980, 1145-1179).

이런 과정의 결과는 잘 알려진 바와 같이 근대사회가 성립하는 과정에서 출현하게 되는 군대나 관료·기업조직과 같은 사회체제 차원에서의 거대조직의 등장이다. 이런 Weber의 합리성 패러다임은 Marx와는 대조적으로 조직 패러다임(organization paradigm)이라고 규정할 수 있다.

여기에서 Weber가 사용하는 방법적 도구 즉, 이념형은 일종의 창발법(heuristics)이라고 볼 수 있다. 즉, 행위주체가 4가지 이념형을 활용하여 합리적 행위를 창발적으로 탐색해 가는 방법이다. 여기에서 Weber는 합리성 원리를 당연히 행위주체가 당면하는 상황논리(logic of situation)에서 찾고 있다. 이처럼 Weber는 Marx와는 대조적으로 체제차원(system level)에서의 구조논리(logic of structure)보다는 행위주체가 당면하는 상황논리(logic of situation)에 개념적 우위성(conceptual primacy)을 부여하고 있다고 말할 수 있다.

이상과 같은 비판적 복원이 이루어진 결과 4개의 개념범주가 도출되었다. 즉, (i) 주체/체제의 변증법(dialectics) 및 (ii) 상황/구조의 창발법(heuristics) 이라는 '준거틀(metaframework)' 이다,

이것으로 기존의 주류 계획이론을 조명한 결과, 계획적 사고에 있어서 흔히 범해지는 '오류의 두 유형(the two types of fallacy)'을 발견하게 되고, 그에 관한 합리성 개념의 재구성이 이루어진다.

III. 계획적 사고의 오류의 유형과 그 극복

1. 계획에 있어서 이분법적 사고의 오류유형
(type of error)

현대의 계획적 사고는 앞서 Marx와 Weber의 합리성 원리(ratio-nality principle)에 비추어 볼 때, 두 가지 차원에서 기본적인 문제점을 발견하게 된다. 그것은 첫째로, 주체(acting subject)와 체제(systems)라는 존재론적 차원(ontological dimension)에서의 이분법적 사고의 오류가 그것이고, 둘째로는, 상황과 구조라는 인식론적 차원(epistemic dimension)에서의 오류가 그것이다. 이런 두 개의 축을 중심으로 나타나게 된 두 가지 유형의 오류는 아래와 같다.

1) 이분법적 사고의 오류유형-I (Dichotomy Type-I Error): 주체 vs. 체제

첫 번째 오류는, 존재론적 오류(ontological fallacy)로서 합리성 개념에 관한 이론 구성의 기본적 출발점을 존재론적으로 행위주체에 둘 것이냐, 아니면 의사결정 체제에 둘 것이냐에 관한 존재론적 영역에서의 상호배제적 선택의 오류가 그것이다.

2) 이분법적 사고의 오류유형-II (Dichotomy Type-II Error): 상황 vs. 구조

두 번째 오류는, 인식론적 오류(epistemic fallacy)로서 행위주체가 합리성을 추구할 때, 의사결정 환경(decision environment)이라는 인식 대상을 상황논리와 구조논리 중에서 어떤 논리를 우선적으로 인식할 것이냐에 관련된 인식론적 영역에서의 상호배제적 선택의 오류인 것이다.

우리가 계획을 하거나 의사결정 과정에서 합리성을 추구하는 데 있어 이런 이분법적 사고(dichotomous thinking)는 합리성 원리를 구성하는 데 있어서 근본적인 오류를 범하는 것이라고 본다.

합리성 개념에 대한 이론적 오류가 어떤 유형의 것이든 간에, 택일적이고 상호배제적 합리성 원리의 선택은 합리적으로 의사를 결정하는 데 있어, 항상 부분적인 한계를 갖게 되는 것이다.

여기에서는 이런 합리성 원리의 한계 즉, 이분법적 오류를 극복하고 새로운 패러다임을 탐색하기 위해 아래와 같은 두 가지 차원에서 오류를 제거(error elimination)하는 것이 매우 중요하다고 본다.

2. 계획적 사고의 오류의 유형과 그 극복

1) 주체와 체제: 변증법적 전회 (The Dialectical Turn)

계획에서 합리성 개념을 구성할 때 가장 흔히 범하게 되는 문제는, 이분법적 사고에서 비롯되는 첫 번째 유형의 오류(dichotomy Type-I Error)이다. 이 존재론적 오류는 이론적으로 행위주체에서 출발하느냐, 아니면 의사결정 체제에서 출발하느냐 하는 것 즉, 주체와 체제의 분리(action/system division)에 관한 것이다. 이런 분리가 초래하는 오류를 제거하기 위해서는 합리성 추구가 두 개의 차원에서 양자 간에 역동적이며 변증법적인 관계 속에 이원적으로 결정(dual determinism) 된다는 것을 인식할 필요가 있다. 여기에서의 변증법의 의미는 물론 Tillich (1963: 329)가 말하는 객관적 변증법(objective dialectic)이다.

2) 상황과 구조: 창발법적 전회 (The Heuristic Turn)

앞에서 말한 변증법적 전회에 이어서, 당연히 의사결정 체제 (decision-making system 혹은 decision environment)는 행위주체가 객관적으로 인식해야 할 대상이 된다. 여기에서 흔히 초래되는 인식론적 오류가 두 번째 유형의 오류 (dichotomy Type-II Error) 이다.

이런 유형의 오류를 제거하기 위해서는, 의사결정 체제에 관한 객관적 인식에 있어서 행위 주체가 의사결정 환경에서 객관적으로 당면하게 되는 상황(situation)과 구조(structure)가 동시적으로 고려되어야 한다. 다시 말해서 인식 영역(epistemic domain)이 행위주체가 처해 있는 특정한 상황(situated agent)뿐만이 아니고, 주체가 당면하는 구조(agent-situation/structure)도 필수적으로 고려되어야 하는 것이다.

IV. 재구성을 넘어서

: 인간의식의 두 열림을 향하여, 「안·퐈」의식의 만남

지금까지 본 연구에서 가장 중요한 명제로 삼아온 이원적 합리성 원리(the duality of rationality principle)는 일찍이 Marx는 물론, 그에 뒤이어 Weber가 합리성에 대해 통찰한 사회과학적 비전인 것이다. 달리 말해서, Marx와 Weber의 합리성 이론의 재구성을 통해서 얻어진 '4개의 개념범주(4 category schema)'로 구성되는 합리성 원리는 의사결정 주체(체계)가 외부세계에서 능동적으로 경험하는 대상 즉, 의사결정 체제(환경)에 대한 인식을 구성한다. 그러므로 이것은 필요에 따라 의사결정 주체가 판단하고, 탐색해야 하는 소위 객관적 인식의 대상에 불과하다.

이 지점에서, 우리는 일찍이 Marx와 Weber가 구성한 합리성에 관한 사회과학적 통찰을 뛰어넘을 필요가 있다. 여기에, 본 연구에서 주장하는, 이른바 '성찰적 접근방법(reflective approach)'을 통한 인간과학적 관점으로의 전환의 필요성이 있다고 본다.

사실상 우리는 다음 <그림 7>의 '의사결정 환경'이 보여주는 것

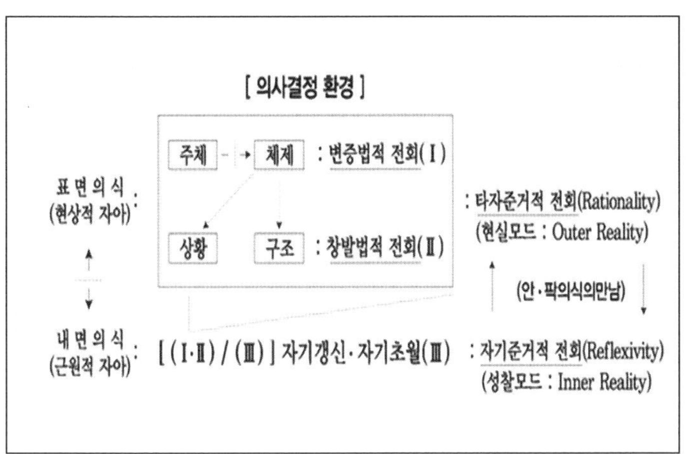

<그림 7> 의사결정 환경

처럼 두 개의 세계에 살고 있다.

하나는 외부(현상적 자아)의 눈에 보이는 물질적 세계이고, 다른 하나는 눈에 보이지 않는 근원적 자아가 깃들어 있는 정신적 세계(내면의식)이다. 이런 내면세계와 외면세계는 하나의 의식의 흐름으로 이어지는 통합된 의식 활동의 장이다.

위 <그림 7>에서와 같은 의식의 두 흐름은 두 개의 자아가 번갈아가며, 순환적으로 피드백 고리를 형성하고 있는 의사결정 과정을 나타낸다. 이 과정은 위 그림에서처럼 본질적으로 표면의식(현상적 자아)의 의사결정 환경에 대한 '타자준거적 전회'와 내면의식에서의 근원적 자아가 주체적 자아를 찾아가는 '자기준거적 전회'를 넘나들며 「안·팎」의식이 만나는 이원적 피드백 과정이다. 이것은 또한

[두 단계의 변증법 : Double Dialectic]

초월적 자아
→ 상호주관성(인식대상의 영역)　(Ⅰ) : 주체와 체제의 변증법(Dialectic) : Ontologic
　　　　　　　　　　　　　　　　(Ⅱ) : 상황과 구조의 창발법(Heuristic) : Epistemic
내적주관성(인식주체의 영역) (Ⅲ) : 자기갱신·자기초월을 향한 자기성찰적 전회 ←
　　　　　　　　　　　　　　　(인식대상(Ⅰ·Ⅱ)을 인식주체(Ⅲ)안으로 내면화)

<그림 8> 두 단계의 변증법

이런 두 단계를 거쳐 제3의 변증법적 통합이 이루어지는 과정이기도 하다.

즉, 현실모드의 현상적 자아(phenomenal self)가 주도하는 표면의식(바깥현실을 향하는 '밖'의식)과 성찰모드의 초월적 자아(transcendental self)가 주도하는 내면의식(내면을 향하는 '안'의식)이 만나는 과정을 보여 주고 있다. 또한 이 과정은 합리성(rationality)이 주체적 자아의 성찰성(reflexivity)에 의해 끊임없이 통합되어, 자기갱신과 자기초월을 통해 새로운 합리성이 위의 그림 <두 단계의 변증법>에서처럼 두 단계에 걸쳐 변증법적으로 발현되는 의사결정 과정인 것이다.

여기에서 중요한 것은, 지금까지의 전통적 합리성 개념이 지니는 의미를 대폭 심화 확장하고 있을 뿐만 아니라 의사결정 과정에 역동성을 부여하고 있다는 점이다. 다시 말해서, 합리성은 바깥현실에 대한 ('타자준거적 전회'에 의한) 객관적 인식에 근거하여 밖으로부터 주어지는 것이 아니라, 의사결정 주체의 ('자기준거적 전회'에 의한) 주관적 인식 자체에 의해 만들어지는 것이다. 즉 본질적으로 자기갱신과 자기초월을 하려는 행위주체의 성찰성에 의해 끊임없이 재구성된다는 점이다.

그러므로 인간의 의사결정 과정이라는 것은 행위주체의 매 선택의 순간에 있어, 경험적-현상적 자아가 바깥세계(의사결정 환경)에서 추구하는 '합리성'이, 그때마다 주체적 자아가 탄생시키는 또 다른 내면의 도덕적-초월적 자아에 의해 끊임없이 성찰적으로 재구성되는 과정이라고 할 수 있다.

여기에서 우리는 인간이라는 존재에 대한 새로운 인식이 필요하다. 인간은 Alexis Carrel이 말한 것처럼 '미지의 존재'일지 모르나, 분명 자기실현을 향해가는 '가능적 존재'이다. 그리고 우리가 사는 세계 또한 '미지의 세계'이나 '가능적 세계'인 것이다. 이런 가능성은 곧 인식의 가능성이며, 이와 같이 인간이라는 개념은 언제나 '초월'과 관련되어 있다. 이것이 Kant가 말하는 이른바 '인간의 주체성의 위대함(the greatness of human subjectivity)'인 것이다.

즉, 의사결정 과정에서 행위주체가 자기초월(self-transcendence)의 문턱마다에서, 새로운 가능성을 열어 가며, 보다 높은 차원의 자유를 향해 가는 과정이, 인간과학적 관점에서 보는 새로운 합리성 개념인 것이다. 이런 방법적 시도는 전통적으로 상호주관성(intersub-jectivity) 즉, 인식대상의 영역에만 매달려 온, 객관적 인과기제에 근거한 좁은 합리성 탐구에만 천착해 온 사회과학을 인식주체의 영역인 내적주관성(innersubjectivity)을 포함하는 인간과학적 관점에 접목해 합리성의 지평을 확장했다는 점에 그 이론적 의미가 있다고 하겠다.

V. 요약

: 변증법적 발현과정으로서의 합리성

먼저 합리성에 관한 사회과학적 논의의 시작이자 그 끝이라고 할 수 있는 K. Marx와 M. Weber의 합리성 이론에 대한 비판적 재구성을 시도한 결과, 의사결정 환경을 구성하는 4개의 범주(주체/체제 및 상황/구조)로 이루어지는 합리성 원리에 관한 개념적 틀(four category schema of rationality principle)을 얻은 바 있다.

즉, 우리가 사용해 온 합리성 개념은 다양한 얼굴을 지녔지만, 궁극적으로는 하나로 통합되어야 할 합리성 원리가 두 개의 축을 중심으로 서로 상반되고 배타적인 형태로 임의적으로 존재해 왔음을 확인할 수 있다. 여기에서 두 가지 유형의 오류가 확인되고 그 오류를 제거하는 작업이 곧 합리성 이론의 사회과학적 관점에서의 재구성이었다.

그러나 본고에서는, 이처럼 Marx와 Weber의 과학주의에서 비롯된 인식대상의 영역에서의 '합리성 원리'(i&ii)를 단순히 재구성하는 작업을 뛰어넘어서, 인식주체의 영역(내적주관성)인 주체적 자아의 자기갱신적이며 자기초월적인 성찰과정에서 얻어지는 주관적 인식을 강조하고 있다.

이는 의사결정 과정이 <그림 7> '의사결정 환경'에서 보여준 것처럼 현실모드와 성찰모드를 넘나드는 순환적 피드백과정(i/ii & i/iii)이며, 동시에 이 성찰적 과정은 <그림 8> '두 단계의 변증법'이 보여주는 것처럼 합리성의 2단계에 걸친 변증법적 발현과정[(i/ii)/iii] 이기도 하다.

즉, 인식대상(i/ii)을 인식주체(iii) 안으로 내면화해서 '내면'을 향하는 의식과 '바깥'을 향하는 「안·팎」의식의 끊임없는 만남을 통해서, 성찰적 계획주체(reflective planning agent)는 비로소 '존재에 대한 실천적 물음'을 수반하는 내적 주관성(i/iii)을 확보하게 된다.

이 모델은 의사결정 과정을 단순한 '존재'와 '인식'의 차원(i&ii)을 뛰어넘어, 의사결정 주체가 실천적 행위를 통해 자기 스스로를 능동적으로 창조해 가는 과정으로 파악하고 있다. 즉, '자기갱신(self-renewing)'과 '자기초월(self-transcending)'을 통해서 만이 진정한 합리적 선택이 가능한 것이며, 이런 선택만이 의사결정 주체가 추구하는 합리성 그 자체와 등식화시킬 수 있는 것이다.

다시 말해서 계획주체의 객관적 인식노력(i/ii)이 자기성찰을 통한 주체적 결단(i/iii)에 의해 결국 내포 [(i/ii)/iii] 되고, 초월되어야 함을 의미한다. 이는 계획주체의 자기성찰(self-reflection)을 통한 내적 주관성(inner-subjectivity)에 개념적·실천적 우위성을 부여하여 후자

(iii)가 전자(i/ii)를 포괄(bracketing) [(i/ii)/iii] 하여 초월하게 되는 변증법적 의사결정 모형인 것이다. 여기에 합리성 개념이 사회과학적 관점에서 인간과학적 관점으로의 연금술적 전환에 의미가 있는 것이다. 즉, 합리적 의사결정과 선택은 궁극적으로 인간의 몫이다.

제2장

단국대학교 교수시절 (1992~2009),
경희대학교 재단이사 시절 (2011~2022)

융합의 연금술

예인(藝人)으로서 두 번째 실험 :

- 창조융합기술(휴먼시스테믹스, HumanSystemics)을 창안하다

6개의 에피소드

1. 부명의 노래
2. 취산 선생과의 만남
3. 초대형 강좌
4. 태극함삼의 진리
5. 은하수 춤
6. 인간과학연구소

제1화

부명(復明)의 노래

김경중 시인이 나의 특강을 듣고 나에게 바친 헌시

- 에스겔書: Ezekiel p.761-2, 37:1-14

1990년대 초에 오랜 유학생활을 끝내고 단국대학교 사회과학대학으로 복직하였을 때였다. 나는 한 번도 나 스스로가 기독교인이라고 생각한 적은 없었다. 그러나 길고 긴 유학생활 중에 나에게 큰 힘이 되어 주고, 나의 심금을 울렸던, 학생들과 공감하고 싶었던 성경 구절이 두 군데 있었다.

그중 하나는 구약 에스겔書(Ezekiel p.761-2, 37:1-14)이었는데, 그 내용은 신약에 나오는 예수 그리스도의 부활(復活) 드라마의 전조(前兆)라고 할 수 있는 것이었다.

골짜기에 버려지고 흩어져 있던 죽은 지 오래된 무수한 메마른 뼈다귀들이 예언(豫言)을 통해 새로운 생명을 얻게 된다는 감동적인 내용이었다. 당시에 나는 나 자신이 죽은 지 오래되어 버려진 메마른 뼈다귀라는 생각이 들었고, 절체절명의 정신적 위기 상황에 놓여 있던 처지라, 그 내용은 나에게 가슴 깊은 곳으로부터 말할 수 없는 감동을 주었다.

　그런 배경에서 유명한 아동 문학가이자 시인이었던 김경중 교수가 참여하고 있는 특강에서 열강했던 것인데, 한참 시간이 흐른 후 김경중 교수는 부명(復明)이라는 제목으로 나에게 시를 작성하여 정성스럽게 액자로 만들어 특강 기념으로 나에게 건네주었다. 김경중 교수가 나에게 보내준 그 시는 나의 내면을 꿰뚫어 보고 있다는 느낌이 들었다. 그 후로 특강 참여자들과 함께 전북 변산반도 쪽으로 며칠을 함께 해수욕도 하며 여행하게 되었다.

부명(復明)의 노래

잊어야 할 미망(未忘)이고
깨어야 할 미망(迷忘)인데
목마른 사슴처럼 무리 떠난 사자처럼
그대 왜?
에스겔 해골 골짝을 그토록 방황하고 있었나?

그리움이 별이 되고
기다림이 바람이 되도록

떠나서는 안 될 절망의 시간으로
찾아서는 안 될 금지된 공간으로
잘못 떠난 휴가 잘못 찾은 소풍
광란의 한세상 황무한 춤사위

모두가 갈대에 스치는 바람
잊어야 할 미망이라도 잊지 않으리
깨어질 미망이라도 깨우지 않으리

영원을 향해 태양을 노리는 무심의 눈빛
썩은 고기를 찾아 물고 물리는 하이에나 무리들 너머

킬리만자로의 눈을 찾아 태양을 응시하는 표범의 눈동자

광란의 세월 휴가 끝나고 이 세상 소풍 마치는 날
부명(復明)은

동녘하늘 해가 되어
동트는 새벽을 맞이하리라

- 김경중

제2화

정신계의 풍운아(風雲兒), 취산 선생과의 만남, 곧이어 선인문(仙人門) 문주(門柱), 강신무와 만나다

강신무 일행을 4주에 걸쳐 나의 대학 초대형 특강에 초대하고, 곧이어 강신무 일행과 백두대간으로 은하수 여행을 떠나다

유학 생활을 끝내고 귀국한 지 얼마 지나지 않아 제1회 국제신과 학심포지엄에 초대받아 우리나라 정신계의 대부이자 풍운아로 알려졌던 취산 박영철 선생을 만나게 되었다.

그는 첫눈에도 사자의 상을 지닌 평범하지 않은 용모에 비범한 눈빛을 한 인물로 보였다. 그는 나중에 알게 된 사실이었지만, 리차드 바크의 <환영(幻影)>과 <갈매기의 꿈>을 번역한 분이었고,, 다니구찌 마사하루의 <생명의 실상> 전집 40권 가운데 여러 권을 이미 번역하신 바 있는, 일반인에게는 알려져 있지 않았지만, 우리나라 정신 분야 정기 간행물을 창간하기도 한 인물이었다.

취산 선생은 나에게도 상당한 관심을 갖고, 어떤 주제로 박사 학위 논문을 썼는지 등등 이것저것을 묻곤 했다. 내가 자못 놀랐던 것은 내가 알기로는 취산 선생은 정규 고등교육을 받지도 않았는데도 불구하고, 국제신과학심포지엄을 조직했으며, 미국 유학 생활을 오래도록 한 내가 보기에도 유창하게 영어를 한다는 점이었다. 그런데 취산 선생과 가까이 지내는 동안 취산 선생의 아들 나이대로 보이는 강렬한 눈빛을 한 강신무를 만나게 된다.

그는 국제신과학심포지엄이 진행되는 동안 특별히 초대받은 인물로 무대에서 온살돌이 동작과 아리랑 춤이라는 것을 추기도 했고, 취산 선생이 특별히 정중하게 대하는 듯하였다. 그는 처음에는 나에게 가까이 접근하지 않고 나로부터 어느 정도 멀찌감치 떨어진 곳을 맴돌며 조심스럽게 나를 향해 끊임없이 시선을 보냈다.

그리고 얼마 되지 않아 그와 나는 아주 가깝게 지내게 되었는데, 온살돌이 동작을 내가 사는 곳에서 멀지 않은 선릉공원에 함께 가서 나에게 시범을 보이기도 하고, 자기는 자연대학을 설립 중이라고 나에게 털어놓기도 하였다. 그 후 그와 나는 자주 만나는 아주 가까운 사이로 발전하게 되었다.

그러는 한편 그는 서울 근교, 판교 근처에 있는 그의 일행이 자주 가는 음식점으로 나를 자주 초대하였고, 나에게 자신이 설립 중이라는 자연대학의 상임고문이 되어 주기를 간곡히 제안하는 것이었다. 나 또한 그에게 상당한 호감을 갖고 있었기 때문에 그의 제안에 선뜻 응하게 되었다. 나 또한 당시에 내가 단국대학교 한남동 캠퍼스에서 성황리에 진행 중이었던 초대형 강좌에도 강신무 일행을 초대하게끔까지 되었다.

그리고 얼마 지나지 않아 강신무 일행과 나는 그가 설립 중이라는 백두대간의 자연대학이 설립되기로 예정된 장소로 은하수 여행을 떠나게 되었다. 그때 마침 취산 선생은 병이 깊어져 전주 어느 병원에 입원 중이었기 때문에 여행 도중에 나와 강신무는 함께 병문안하게 되었다.

오랜만에 뵌 취산 선생은 안색도 검푸르게 변해 있었고 얼마 오래 사시지 못할 것 같아 보였다. 나는 취산 선생에게 마지막으로 말씀 한마디 해주시기를 간청했고, 취산 선생은 나에게 "아이… 그냥 편하게 살아"라고 힘겹게 말씀하는 것이었다. 이것이 그와의 마지막 만남이었다.

우리 일행(강신무와 그의 어린 아들 강산, 그리고 차실장)은 아무 일도 없었던 것처럼 백두대간을 향해 떠났고, 강신무는 나에게 그곳에 도착하기 전까지는 하늘을 향해 절대 눈을 뜨지 말 것을 당부하였다. 날은 어느덧 어두워지고 있었고, 한참 지나서 그곳에 도착한 듯하더니 강신무는 나에게 "교수님, 이제 눈을 뜨세요"라고 말하는 것이었다. 그제야 나는 차 문 밖으로 나와 이미 칠흑같이 어두워진 밤하늘을 올려다보았다. 밤하늘은 온통 은빛 별빛으로 눈이 부시도록 자욱했다.

도착한 곳은 고도 7~800미터쯤 되는 백두대간의 깊은 산속이라고 했고, 허름한 흙으로 지어진 작은 움막집 같은 것이 근처에 있었다. 강신무는 나에게 말하기를, 그곳에 자신의 모친을 모시고 있다고 하면서 바로 그곳 근처가 자신이 설립할 자연대학의 터라고 하였다. 강신무와 나는 그의 모친이 차려준 간단한 저녁 식사를 한 후에 흙냄새 나는 방에 마주 앉아 그가 들려주는 어린 시절부터의 불우하고 기구했던 얘기를 밤새 듣게 되었다.

그가 유복했던 아주 어렸을 적에 시골 의사였던 그의 아버지는 어느 여인과 바람이 나, 자신과 어머니를 갑자기 버리고 떠나버렸다고 한다. 그의 아버지가 떠난 후 어머니는 어린 강신무를 데리고 깊은 산속에 있는 어느 절로 오게 되었고, 그 절에서 어머니는 스님들의 밥을 짓고 지내게 되었다 한다.

아주 어렸던 강신무는 산속 절 인근, 이곳저곳을 다니면서 놀았는데, 어느 날부터인가 어느 스님이 온살돌이 동작을 하는 것을 매일 숲속에서 엿보게 되었다 한다. 나는 그의 말을 듣고 오래전부터 궁금해하던 큰 의문이 풀리게 되었다.

그것은 바로 국제신과학신포지엄에서 그가 선보이고, 나의 초대형 대학 강좌에 초대받아 수많은 학생들 앞에서 여러 번 시범으로 보여준 무술동작인 아리랑 칼춤과 그것의 원형이라고 할 수 있는 온살돌이 동작이었다.

그날 밤이 새도록 나는 그와 얘기를 나누었고, 그의 어린 아들 강산은 우리 둘의 이야기를 곁에서 유심히 듣는 것 같았다. 그다음 날 아침 강신무가 나에게 건넨 <시대를 담는 그릇>이라는 한국의 건축을 소재로 한 두꺼운 책 속지에는 강산이 그린 유위자연(有爲自然)이라는 제목의 삽화가 그려져 있었다.

<그림 9> 강신무의 아들 강산이 그린 유위자연 그림

그것은 내가 보기에도 아주 어린 강산이 그린 것(<그림 9>)이라고는 믿어지지 않을 만큼 멋진 것이었다. 그의 아버지와 내가 나눈 얘기는 자연이 유위(有爲)냐, 무위(無爲)냐에 관한 매우 철학적으로 어른조차도 이해하기 어려운 심오한 내용이었음에도 불구하고 어린 강산은 우리 둘이 나눈 대화의 핵심을 멋진 그림으로 표현한 것에 나는 참으로 놀라움을 금치 못하였다.

다음 날 아침 밤새도록 나눈 대화 때문인지 늦잠을 자고 일어나 보니 대낮이 가까워져 있었다. 움막집 문을 열고 밖으로 나오니, 그 움막집은 아슬아슬하게 골짜기 가장자리에 지어져 있었다. 골짜기 아래로 무언가를 찾아 헤매는 강신무가 눈에 띄었다. 그는 골짜기 여기저기를 뒤져가며 무언가를 채취해 가며 그것을 연신 입안으로 가져가는 것이었다. 나는 강신무가 당시에 왜 그렇게 행동하는지에 대해서 이상하게도 아무런 의문을 품지 않았다.

그날 밤이 되자 강신무가 초대한 수십 명의 손님들이 빙 둘러앉아 자연대학 설립에 관한 토론이 있었고, 강신무의 아들 강산은 각지에서 초대받은 여러 사람들 앞에서 아리랑 칼춤의 시범을 밤늦도록 선보였는데, 그 후로는 어떤 일이 있었는지 잘 기억나지 않는다. 한참 2~3년의 세월이 흐른 후 강신무를 따르던 그의 수제자로부터 그가 죽었다는 연락을 받은 후에야, 그가 당시에 왜 그렇게 행동했는지에 대한 의문이 비로소 풀리게 되었다. 나중에 들은 얘기지만, 강신무는 당시에 위암이 깊은 상태였고 그는 자신의 병든 몸을 상대로 끊임없이 여러 가지 독초를 먹어가며 실험을 했다는 것이었다.

강신무의 온살돌이는 추후 내가 창안한 <휴먼시스테믹스>

휴먼시스테믹스(Human Systemics)의 삼자결(三字訣)의 비법(심상명상 : 봄-함-됨)과 삼태극의 몸짓(동작명상 : 온결돌이-온맘돌이-온몸돌이)의 토대가 되었다.

제3화

전교생, 모든 전공, 모든 학년이 수강하는
초대형 강좌를 10년 이상 이끌다

'신(神), 인간, 그리고 공룡'에 대한 특강

<인간과 세계(Man and the World)>
<미래와 창조(Praxis and the Future)>

'인간과 자연, 나와 세계'에 대한 두 개의 초대형 강좌는 전교생, 모든 전공, 모든 학년이 수강하는 자유 선택 과목이었고, 1학기에는 <인간과 세계(Man and the World)> 그리고 2학기에는 <미래와 창조(Praxis and the Future)>로 나누어 번갈아 가며 십여 년이 넘도록 지속하였다.

<인간과 세계(Man and the World)> 강좌의 개설 필요성과 개요는 다음과 같았다.

현대 사회는 점점 더 과학·기술과 물질만능의 규범 가치로 획일화되어 우리가 사는 이 세계는 더욱더 비인간화 되어가고 있다. 우리는 현재 두 개의 혁명 – 즉, 의식혁명과 정보혁명의 시대에 살고 있다고 말해진다. 따라서 보다 인간화 된 세계를 창조해야 하는 우리 모두의 실천적 명제는 당연히 인간소외의 극복과 인간의식의 고양이다. 이 주제

는 人間은 未知의 *存在*이나 可能的 *存在*라는 관점에서 출발하여 인간이 지닌 잠재력을 어떻게 극대화할 것인지에 대한 실천적 방법을 모색한다.

'인간과 자연 그리고 나와 세계와의 '만남'이 주제이다. '자기창조'의 '주체'로서의 사람 '됨(Becoming)'의 의미와 의식(意識, Consciousness)의 계발 및 탈바꿈(Metanoia)의 필요성과 모든 생명의 소중함, 그리고 무엇보다 '나'와 우리가 사는 이 '세계'를 어떻게 인식하고 보다 인간화된 세계를 향해 실천할 것인가에 관해 탐색한다.

<미래와 창조(Praxis and the Future)> 강좌의 개설 필요성과 개요는 다음과 같았다.

이미 21세기에 접어들어 불확실성의 시대에 사는 우리는 개인적으로나 사회적으로 커다란 변화, 즉 개인적 삶의 존재양식은 물론 사회적 패러다임의 전환점에 서 있다. 과거와 현재에 대한 비판적 성찰, 그리고 미래 사회에 대한 연구와 이에 대한 실천적 관심은 '미래와 창조'라는 주제를 통해 새로운 창조적 학습모형에 대한 탐색이 절실히 요청된다.

과학·기술과 물질만능의 시대에 살고 있는 우리에게 21세기의 시대적 요청은 개인적. 사회적 차원의 근본적 변화이다. '미래와 창조'는 인간 내면의 잠재력 개발, 인간의식의 탈바꿈과 패러다임의 전환, 그리고 미래 창조를 향한 실천적 비전의 탐색을 목표로 한다.

그리고, 1학기와 2학기의 두 개의 초대형 강좌에 덧붙여 매번 <신(神), 인간, 그리고 공룡>에 대한 특강을 동시에 실시하였다.

이 특강을 하게 된 이유는 우리가 사는 이 지구의 역사 속에서 1억6천만 년 동안이나 지구를 실제로 지배했던 누구도 부정할 수 없는 거대 공룡의 존재와 또한 극히 최근에서야 지구의 역사 속에 등장하게 된 인간 존재의 의미를 대비시켜, 우리 인간이 지금껏 끊임없이 찾고 있는 신의 존재 의미가 무엇인지를 학생들에게 새삼 일깨우고자 하였다.

거대 공룡이 지배했던 그 장구한 세월 동안에도 매일 아침 예외 없이 태양은 떴고 매일 밤 별은 빛났건만, 그때 초기 포유류의 생쥐 크기에 불과했던 우리 인간은 어디에 있었으며, 또한 지금도 우리 인간이 찾고 있는 그 신은 어디에 있었단 말인가. 그때 공룡은 우리 인간들처럼 신을 찾았겠는가.

제4화

태극함삼(太極函三)의 진리를 깨닫다

**삼자결(三字訣)의 비법,
삼태극(三太極)의 몸짓을 창안하다**

문양은 그 국가나 민족을 대변할 만큼 함축된 철학이 있으며 그 집단의 의식과 무의식, 그리고 사상이 응축되어 있다.

한국의 전통 문양 중 가장 대표적인 태극은 우주의 존재 원리를 일컫는 가장 핵심적인 말로서 고대부터 동양 철학의 근본 바탕이 되어 왔으며 오늘에 이르러서는 한국의 국기인 태극기에서 그 모습이 나타나고 있다.

태극 문양은 신비, 신성의 부호로서 신라시대 이전부터 사용되어 왔으며 우리 민족의 국민정신과 주권을 대표함과 아울러 조화, 창조, 단결의 상징이었다.

태극 문양은 신라시대 이전부터 현재까지 우리의 생활 주변에서 쉽게 접할 수 있을 뿐만 아니라 현재 세계 각처에 태극기 혹은 태극선, 태극마크 등이 우리나라를 대표하고 있음을 볼 때 민족적 문양으로서의 역할을 톡톡히 해내고 있는 것이다.

음양태극(陰陽太極)은 음양론과 이분법 구조를 중심으로 주로 중국이나 일본 등에서 많이 나타나며 귀족적이며 서양의 기본사상인 신본주의를 많이 닮았다. 이런 음양태극의 철학적 배경은 순수한 우리 민족 고유의 것이라고 자부하기엔 너무나 이질성이 많다. 이에 비해 삼태극(三太極)은 천지인 3합사상을 상징하는 문양이며 삼태극에는 평등과 민주적 사상이 있으며 삼라만상을 창조하는 이치가 담겨 있어 예로부터 신성하게 여겨왔다.

중국과 일본에 많이 나타나는 음양태극과 달리 사람을 중시하는 인본주의 사상의 삼태극 문양은 우리 민족 고유의 정체성을 이어온 문양이라 할 수 있으며 옛날부터 가장 사랑받는 문양으로 활용되어 왔다. 또한 이 삼태극은 최초의 태극 관념인 동시에 우리 민족의 정서에 가장 맞는 상징적 문양이라 할 수 있다.

최초의 태극(太極) 관념은 음양태극이 아니라 삼태극/삼원태극(三元太極)이었다. 태극에 대해서 우리는 일반적으로 음과 양이 어우러진 태극 곧 음양태극을 떠올린다. 그런데 우리나라에서는 음양태극 대신에 흔히 삼태극 혹은 삼원태극이라고 불리는 문양이 많이 사용된다.

여기에서 한국인 사상의 핵심은 천지인(天地人) 합일사상이다.

하늘과 땅 즉 자연과 인간은 동일한 존재이기 때문에 나온 말이며, 자연이 곧 인간이라면 음양오행 진리가 인간의 삶 속에서도 그대로 적용되지 않으면 인간도 파멸한다는 것이다.

빨강은 양(陽)의 심벌로서 하늘과 우주를 표현하고, 파랑은 음(陰)의 심벌로서 땅을 표현하고, 노랑은 음양(陰陽)의 중간 기운의 심벌로서 사람 즉 나를 표현하고 있다. 그러니까 삼태극에서는 음양만 있는 태극에 '나'를 더 추가한 것이다.

고대 동양에서는 태극이란 삼태극을 의미하는 것이었다. 이런 삼태극 관념은 원래 동북방 샤머니즘의 '3수 분화의 세계관'에서 유래한다. 이런 삼태극의 형상과 기원은 갑골문에서부터 보이며 그 기원은 '둥근 태양 속에서 타오르는 불꽃 모양을 상형한 것'이었음이 분명하다.

태극함삼(太極函三)이 의미하는 바는 셋을 함유하고 있으면서 하나가 된다는 의미이다. 이와 같이 삼태극/삼원태극의 개념은 당시에 통용되던 보편적인 태극 이해 방식이었음을 알 수 있다.

따라서 태극은 셋이면서 하나이고 하나이면서 셋이라는 삼일철학과 삼태극의 논리를 지니고 있었다는 점만큼은 분명하다.

제5화

매년 10월 중하순 경, 백운계곡 정상(頂上)에서 '온결돌이', '온맘돌이' 그리고 '온몸돌이', 은하수 춤(Milky Way Dance)을 추다

매년 10월에 접어들게 되면 나는 설레는 마음으로 매일 아침 오후 날씨가 어떻게 변화할지에 대해 노심초사하며 서북쪽 하늘을 관찰하곤 했다. 10월 초순에서 중순까지는 날씨의 변덕이 매우 심해서 10월 중하순이 지나서야 서북쪽 짙은 남색 하늘이 밤이 깊어져 은하수를 볼 수 있는지를 가늠할 수 있기 때문이었다.

은하수를 보러 갈 때면 친구 둘을 대동하여 어두워지기 전에 경기도 포천 이동면으로 가서 동행해 준 그들과 먼저 돼지갈비를 먹고 날이 완전히 어두워지기를 기다려 백운계곡을 따라 경기도에서 강원도로 넘어가는 백운산 계곡 정상에 올라 끊임없이 서북쪽 하늘을 쳐다보면서 은하수가 뚜렷이 보일 때까지 기다렸다.

드디어 은하수가 뚜렷이 모습을 나타내기 시작하면 준비동작인 '온결돌이'와 '온맘돌이' 동작을 하고, 흐르는 은하수 아래에서 '온몸돌이', 은하수 춤(Milky Way Dance)을 추었다.

제6화

선지자 이사야(Isaiah : 李思野)를 나의 분신(分身)으로 느끼게 되고 존재의 솟구침의 상징을 단국대학교 부설 <인간과학연구소>의 심벌로 삼다

위에서 언급한 <인간과 세계(Man and the World)>, <미래와 창조(Praxis and the Future)> 대형 강좌와 더불어 거의 매번 선지자 '이사야(Isaiah : 李思野)'에 대한 특강도 병행하였고 특히 아래의 두 구절을 강조하였다.

이런 배경에서 선지자 '이사야(Isaiah : 李思野)'를 나의 분신(分身)으로 느끼게 되고 존재의 솟구침의 상징을 단국대학교 부설 <인간과학연구소>의 심벌로 삼게 되었다.

다음 이사야 구절은 옥스퍼드대학 출판부(Oxford University Press)의 킹제임스 성경(Authorized King James Version of the Holy Bible)으로부터 인용한 것이다.

Isaiah p.619 (8:11)

For the LORD spake thus to me with a strong hand, and instructed me that I should not walk in the way of this people, ⋯

주님이 강력히 손을 들어 나에게 말씀하시고, 지시하시기를 나는 세상의 이런 자들과 같은 길을 걷지 말 것을⋯

Isaiah p.643 (40:31)

But they that wait upon the LORD shall renew their strength : they shall mount up with wings as eagles : ⋯

오직 주님을 앙망하는 자는 새 힘을 얻으리니, 독수리가 두 날개를 달고 하늘로 치솟음과 같을 것이요 : ⋯

세 가지 질문

1. 핵심질문
2. 중심질문
3. 부차질문

1. 핵심질문

: 휴먼시스테믹스(**HumanSystemics**)는
왜 융합의 연금술인가?
여기에서 융합의 의미는 무엇인가?

오래된 지혜(Source Teaching)인 삼태극의 원리와 새로운 과학(New Science)인 복잡계 원리를 접목해 창안한 21세기형 통합적, 전인적, 체계적 '창조융합기술(Creative Fusion Technology)'이라는 의미이다.

통합적(Integral)이다 : 학습원리

통합적, 즉 Integral 하다는 것은 오래된 근원의 가르침(Source Teaching)인 삼태극의 원리에 새로운 과학(New Science)인 복잡계 원리를 접목시킨 '의식각성 프로그램의 학습원리'를 의미한다.

전인적(Holistic)이다 : 학습목표

전인적(全人的) 즉, Holistic 하다는 것은 인간의 마음이 하는 세 가지 기능인 지정의(知情意), 즉 인지(Cognition)기능, 정서(Emotion)기능 그리고 의욕(Conation)이라는 세 가지 마음이 균형되고 조화롭게 작용할 수 있게 만드는 '의식각성 프로그램의 학습목표'를 의미한다.

체계적(Systemic)이다 : 작동원리

체계적 즉, Systemic하다는 것은 학습프로그램의 작동원리를 의미하는 것으로 복잡적응계인 휴먼시스템의 하위요소들 즉, 인지체계, 정서체계, 신체생리체계가 시너지효과를 발휘하게 되는 자기조직화 과정을 의미한다. 여기에서 중요한 것은 심신 에너지장의 끌개라고 할 수 있는 자아에 관한 핵심 신념이 이런 연금술을 일으키는 결정적 동인이 된다

2. 중심질문

: 휴먼시스테믹스에서 단기간에 몸과 마음의 상태를
변화시키는 기적의 공식인 '5분 최면명상법'의
요체는 무엇인가?

5분 최면명상법의 요체는 두 개의 축, 즉 심상명상과 동작명상으로 이루어져 있다.

한 마디로 심상명상은 삼자결(三字訣)의 비법인 '봄(상상하기)-함(의도하기)-됨(예단하기)'이라는 의식화된 강력한 자기암시법이라고 할 수 있고, 동작명상은 삼태극(三太極)의 몸짓인 '온맘돌이, 온결돌이, 온몸돌이'라는 세 가지 나선형의 소용돌이 동작으로 이루어져 있다.

한 마디로, 휴먼시스테믹스는 창의적 상상력과 자기초월적 변신 능력을 함양시키기 위한 활용 중심의 셀프-임파워먼트 의식각성 프로그램이다.

3. 부차질문

> : 3자결의 비법(봄-함-됨) 심상명상과
>
> 3태극의 몸짓(온맘돌이-온결돌이-온몸돌이)
>
> 동작명상 융합의 효과는 무엇인가?

심상명상과 동작명상 융합의 효과는 두 가지 측면으로 설명될 수 있다.

첫 번째 측면은 <두뇌 - 심뇌 - 장뇌>의 활성화를 통해 3가지 차원에서의 심신능력이 향상된다는 것이다.

첫째로 두뇌영역(상단전)에서의 지성의 힘(에너지)이 강화됨으로써 인지능력이 향상되며, 둘째로 심장영역(중단전)에서의 감성의 힘(에너지)이 강화됨으로써 정서기능이 향상되고, 마지막으로 근원영역(하단전)에서의 근원적인 힘(에너지)이 강화시킴으로써 의욕을 증대시킨다.

두 번째 측면은 뇌 기능이 세 가지 차원에서 총체적 활성화가 이루어진다는 것이다.

첫째로 좌뇌와 우뇌를 연결하는 통합성 차원과 둘째로 전뇌와 후뇌를 통합하는 집중력 차원, 그리고 마지막으로 대뇌와 간뇌를 연결하는 균형성 차원에서 활성화가 이루어진다.

두 번째 실험 : 융합의 연금술

교수시절

抱越의 연구기획 :

휴먼시스테믹스(HumanSystemics)

抱越의 연구기획

: 휴먼시스테믹스(HumanSystemics)

Toward the Heightened State of Awareness in
Human Energy Fields

두 번째 실험, 융합의 연금술은 박사학위 논문을 끝낸 후 귀국하여 포월(抱越)의 연구기획이라는 이름으로 한국연구재단의 지원을 받아 작성하려 하였으나, 이 주제를 담을 수 있는 학문 분류코드가 없어 불가피하게 연구비 지원 신청을 포기한 바 있다.

의식각성 프로그램

: 휴먼시스테믹스(HumanSystemics)

I. 휴먼시스테믹스 : 창조융합기술(2000~2019) / 최면-명상 기법
 - 창조학습 원리, 학습목표, 작동원리
 - 최면-명상 기법(Hypno-Meditation Techniques)
 - 의식각성을 위한 비저너리 사유실험(시간 인식의 3가지 측면)

II. 심상명상 : Image Meditation
 - 상상하기 : 봄 (인식)
 - 의도하기 : 함 (행위)
 - 예단하기 : 됨 (존재)

III. 동작명상 : Motor Meditation
 - 온맘돌이
 - 온결돌이
 - 온몸돌이

IV. 종합정리(Synthesis) / 부록 : 존재의 솟구침

우리가 사는 지구의 역사 속에 출현한 생명현상 중에서 가장 경이적인 것은 인간의 출현과 그 진화 과정의 정점에 있는 인간의식의 발현이다. 복잡한 뇌·신경계로 이루어지는 인간이라는 존재는 에너지 場의 측면에서 볼 때 우주의 복잡성을 응축하고 있는 전형적인 복잡적응계로 볼 수 있다. 또한 인간의식에는 본래 자기창조(autopoiesis)를 향해가는 창발성과 초월성이 깃들어 있다.

본 연구에서는 의식각성의 문제. 특히 인간의식의 場에 관한 최신 과학의 발견을 우리가 오랫동안 지녀온 '根源의 가르침(source teaching)'에 접목해 의식의 각성과 심신수련 분야에서 새로운 패러다임을 탐색하고자 한다. 더 나아가 이런 동도서기(東道西器)의 새로운 융합기술(fusion technology)이 구현될 수 있는 統合的(integral)·全人的(holistic)·體系的(systemic) 창조학습 프로그램을 제시할 것이다.

키워드 :

抱越, 인간에너지場, 動作의 原形, 음양태극, 三太極의 몸짓, 나선형의 두 날개, 온맘돌이, 온몸돌이, 상상하기, 의도하기, 예단하기, 휴먼시스테믹스

This paper is to explore a new paradigm for human development in human energy fields. Most of our life is spent in a dulled state of consciousness which is our ordinary state of being. There is also a useless energy leak and many obstacles to attaining the heightened state of awareness. I suggest here the 'integral-holistic-systemic' learning principle to enhance the power of human potential. On this basis, I develop a practical program, 'Human Systemics' which is a kind of 21c fusion technology for creative learning combining the teachings of the old and the new as well as of the East and the West. This program is made of a twofold process of dynamic meditation consisting of a series of spiral and archetypal form of yin-yang and sam taegeuk movements of cosmic energy.

Keywords:

'Po-Woel', Human Energy Fields, Archetypal Movements, Yin-Yang Taegeuk, Sam Taegeuk Movements, Double Spiral Vision, Onmamdori, Onmomdori, Imagining, Intending, Precasting, Human Systemics.

I. 휴먼시스테믹스(HumanSystemics)

: 창조융합기술

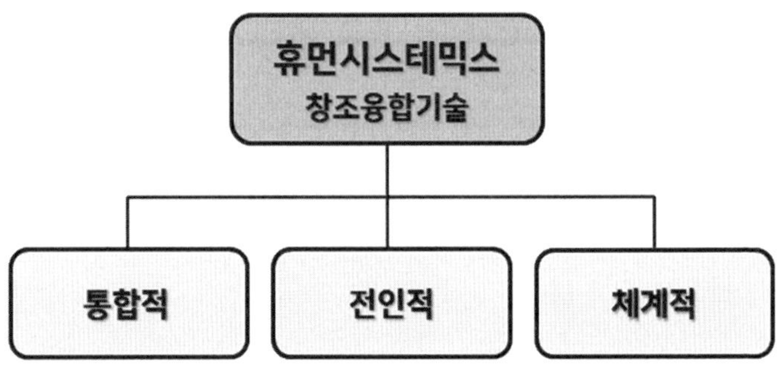

<그림 10> 창조융합기술 '휴먼시스테믹스'

휴먼시스테믹스(HumanSystemics)는 (사)인간과학연구소(Advanced Human Dynamics Institute)부설 '비전-마이스터™ 아카데미'에서 지난 20년(2000~2019) 가까이 진행해 온 오래된 지혜(Source Teaching)와 새로운 과학(New Science)을 접목해 창안한 창조학습 분야의 새로운 장을 여는 21C형 통합적, 전인적, 체계적 창조융합 기술(Creative Fusion Technology)이자 게임체인저(Game Changer)이다.

통합적(Integral) : 학습원리

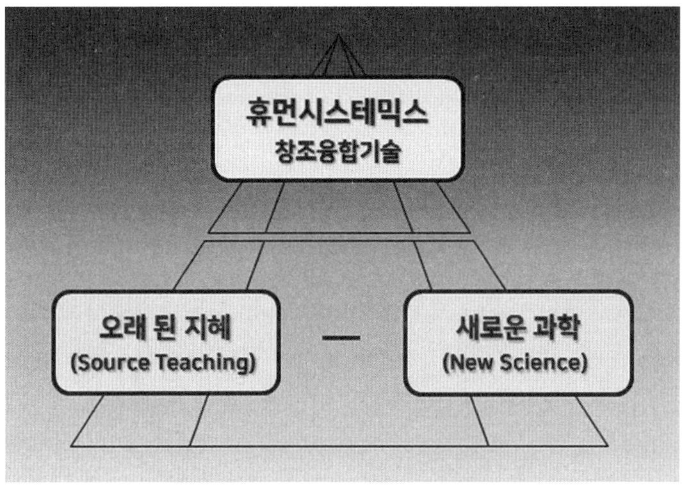

<그림 11> 통합적(Integral) : 학습원리

통합적, 즉 'Integral 하다'는 것은 오래된 근원의 가르침(Source Teaching)에 새로운 과학(New Science), 특히 양자역학에서 비롯된 의식과학을 접목한 '셀프 임파워먼트(Self-Empowerment)' 의식각성 프로그램이다.

전인적(Holistic) : 학습목표

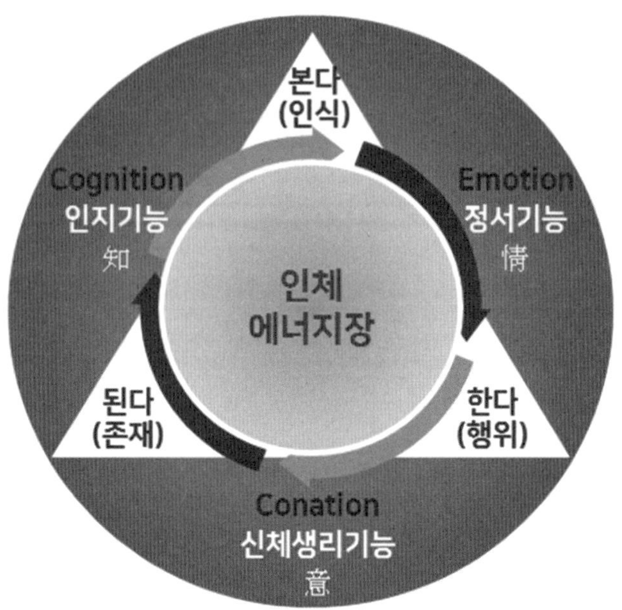

<그림 12> 전인적(Holistic) : 학습목표

전인적 즉, 'Holistic 하다'는 것은 인간의 마음이 하는 세 가지 기능 知,情,意 즉 인지(Cognition)기능, 정서(Emotion)기능 그리고 의욕(Conation)이라는 세 가지 마음이 균형되고 조화롭게 작용할 수 있게 만드는 이 프로그램의 학습목표를 의미한다.

체계적(Systemic) : 작동원리

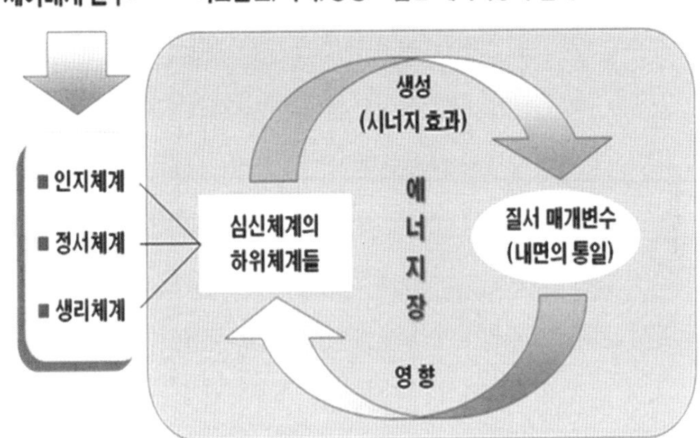

<그림 13> 체계적(Systemic) : 작동원리

체계적 즉, 'Systemic 하다'는 것은 학습프로그램의 작동원리를 의미하는 것으로 복잡적응계인 휴먼시스템의 하위요소들 즉, 인지체계, 정서체계, 신체생리 체계가 시너지효과를 발휘하게 되는 자기조직화 과정을 말한다.

심신 에너지장의 끌개라고 할 수 있는 자아에 관한 핵심신념이 이런 과정의 다이나믹스에 결정적 동인이 된다.

최면-명상 기법(Hypno-Meditation Techniques)

최면-명상이란 무엇인가?

최면-명상은 말 그대로 최면 과정과 명상 과정을 결합한 것이다. 언뜻 보기에는 최면과 명상은 완전히 정반대되는 과정처럼 보일지 모른다. 그러나 자세히 살펴보면, 이 두 과정은 서로 맞물리며 돌아가는 하나의 동일한 과정임을 알 수 있다. 본래 최면과 명상은 근본적으로 같은 것인데, 그 흐름에 있어서 방향만 다를 뿐이다.

다시 말하면, 최면은 우리가 원하는 프로그램을 (자기) 최면 암시를 통해 우리의 잠재의식 내지는 무의식에 심어주는 과정이고, 이와 반대로 명상은 우리의 잠재의식 내지는 무의식 차원에서 이미 조건화되고 프로그램된 상태로부터 빠져나오는 각성 과정이라고 할 수 있다.

최면-명상법에서는 자기최면(Self-hypnosis) 과정과 명상(meditation) 과정이 기술적으로 잘 혼합되어 있다.

우리는 자기최면이라는 도구를 사용하여 우리가 원하고, 의도한 대로 우리의 마음을 프로그래밍할 수 있다. 그런데 이런 자기최면에서는 우리가 원하는 것을 얼마만큼 아는가에 따라 우리가 성취하고자 하는 목표는 제한을 받게 되어 있다.

이에 반해서 명상은 마음의 한계를 뛰어넘어 보다 직접적으로 우리 자신의 존재방식의 변형을 가져올 수도 있다. 즉, 명상은 무언가를 하는 것에 관한 것이 아니고, 근본적으로 우리의 존재방식의 변화에 관한 것이다. 그러니까 테크닉 즉, 하나의 기법으로서의 명상법과는 달리 '명상'은 깨달음을 얻어 가는 새로운 삶의 방식을 탐색하는 것과 관련이 있다.

이와 같이 최면과 명상은 동일한 것의 상반된 측면에 불과하다.

최면이 어떤 측정한 치유 목표를 달성하려는 것인데 반해, 명상에서는 특별히 성취하고자 하는 목표를 갖지 않는다. 그래서 최면이 우리의 의식을 특정한 치유 목표에 초점을 맞추어 좁혀가는 과정이라면, 명상과정에서는 최면과 달리 의식의 확장이 따른다.

이 점에 있어서는 이 두 과정이 완전히 서로 상반된 과정으로 보일 수 있을 것이다. 그러나 이것 또한 동일한 하나의 동전이 전혀 서로 다르게 보이는 앞뒤 양면으로 구성되는 것과 같다.

이렇게 서로 다른 앞뒤 양면이 하나의 동전을 이루듯이 최면-명상도 각기 고유한 특성을 지닌 최면법과 명상법을 효과적으로 융합시켜 우리 존재 자체를 각성시켜 나가는 과정이라고 할 수 있다.

의식과 무의식/잠재의식의 차이점을 열거하면 다음 <표 1>과 같다. 인간의 마음은 의식적인 측면과 잠재의식 내지는 무의식적인 측면이 끊임없이 상호작용 하며 펼쳐내는 삶의 드라마라고 할 수 있다.

의식 (The Conscious Mind)	잠재의식/무의식 (The Subconscious Mind)
• 의도적 : 목표의 설정과 그 결과에 대한 판단	• 습관적 : 자율신경계의 관장 (혈액순환, 심장박동, 소화 기능 등)
• 추상적 사고 :	• 구체적 사고 : 오감(시각, 청각, 촉각, 미각, 후각)을 통해 세상을 이해
• 시간에 얽매임 : 과거와 미래에 초점을 맞춘다.	• 시간에 얽매이지 않음 : 현재에 초점
• 단기적인 기억 : 약 20초 동안 유지	• 장기적인 기억 : 과거의 경험, 태도, 가치, 신념의 저장창고
• 제한된 정보처리 능력 : 평균 2,000bits/second	• 무한한 정보처리 능력 : 4십억 bits/second와 수많은 과제를 동시에 처리 가능

<표 1> 의식과 무의식/잠재의식의 차이점

여기에서 최면-명상 과정은 인간의 마음이 지닌 잠재의식의 특성과 여기에 강력히 작용할 수 있는 암시의 파워(the power of suggestion)를 전제로 하고 있다.

위의 표에서 보듯이 잠재의식은 우리가 지금까지 살아오면서 경험한 모든 기억의 저장창고라고 할 수 있다. 이런 기억들은 단지 수동적인 상태에 있는 것이 아니라 삶의 매 순간 활성화되어 사람들 저마다의 성품과 인격을 형성시키게 된다. 또한 잠재의식은 우리의 정서를 동력으로 하는 발전소라고 할 수 있다. 그래서 정서라는 에너지원에는 우리의 삶을 이끌어내는 힘이 있고, 우리의 의식적인 사고와 행동, 그리고 더 나아가서 우리의 신체적인 모든 기능을 지배하고 있다. 소화, 혈액순환, 모든 신체기관이나 장기와 같은 우리 몸의 생명활동 또한 잠재의식이 통제하며, 이런 잠재의식은 결코 잠자는 일이 없이 오히려 우리가 깨어있을 때보다도 우리가 잠들어 있을 때 더 활동적으로 된다.

그래서 우리가 만약 의식적으로 어떤 생각을 떠올려, 암시의 힘으로 그것을 잠재의식 속에 받아들여질 수 있도록 만들면, 그 생각은 자동적으로 행동으로 옮겨진다. 이때 그 생각이 건전한 것이라면 그만큼 좋은 것이고, 만약 그 생각이 해가 되는 것이라면 그만큼 더 나쁜 것이 될 것이다.

이처럼 잠재의식은 의식적인 마음과는 달리 분별력을 지니지 못하며, 어떤 특정한 조건 하에서 어떤 아이디어라도 일단 잠재의식에 주어지게 되면 그것은 무비판적으로 받아들여지고, 행동으로 만들어지게 된다. 이점이 바로 잠재의식이 지니는 주된 특성이고, 여기에 최면-명상 암시가 갖는 강력한 파워가 있다.

이와 같이 의식과 무의식에는 아주 커다란 차이가 있다. 우리의 몸과 마음이 제대로 기능하고, 잘 살아가기 위해서는 둘 다 반드시 필요한 것이다.

의식과 무의식은 우리가 이 세상을 경험하는 데 있어서 그 기능과 역할이 다를 뿐만 아니라. 정보처리 능력 면에서 비교가 되지 않을 정도로 차이가 있다. 우리의 의식적인 마음이 처리할 수 있는 정보량(초당 2,000비트)과 잠재의식 내지는 무의식적인 마음이 처리하는 정보량(초당 40억 비트)을 비교해 본다면 금방 알 수 있다.

이것이 의미하는 것은 우리가 설령 의식적으로 어떤 목표를 성취하겠다고 마음을 먹었다 해도 만약에 잠재의식이나 무의식이 이를 찬성하지 않을 경우, 그것이 달성될 가능성은 전혀 없게 된다.

이렇게 우리의 의식적 노력을 무효화할 수 있는 잠재의식이 지니는 특별한 능력 때문에 우리는 이것을 적으로 생각하기 쉽다. 그러나 반대로 우리가 이런 잠재의식 내지는 무의식과 잘 소통해서 우리가 원하는 방향에서 협력을 이끌어낼 수만 있다면 우리는 무엇이든 이루어 낼 수 있는 마법의 파워를 지니게 될 것이다.

정리하면, 최면-명상 과정은 의식적인 자기-최면(self-hypnosis)과 명상(meditation) 과정으로 구성되어 있다. 즉, 최면-명상(hypno-meaditation)은 먼저 의식적인 자기-최면 과정을 통해 강력한 암시의 힘을 최면과 결합해 명상 상태로 이끌어내고, 이런 명상 상태 속에서 잠재의식이 지닌 무한한 잠재력을 이용하여 궁극적으로 우리 존재의 작성을 가려오려는 데 있다.

이처럼 자기-최면과 명상은 최면-명상이라는 동일한 과정 속에서 서로 맞물리어 돌아가는 상호보완 관계에 있다. 즉 자기-최면은 특정한 목표를 향해가는 명상 상태인 것이고, 명상은 곧 특정한 목표 없이 진정한 자아의 각성을 향해가는 자기-최면 상태가 되는 것이다.

의식전환 프로젝트

: 의식각성을 위한 비저너리 思惟실험 (Thought Experiment)

자아의식은 시공간의 통제와 밀접하게 연관되어 있다. 의식전환을 위해서는 지금-여기에서 시-공간적 전환이 필요하다. 사실상 우리는 두 개의 세계에 살고 있다. 하나는 외부(표면의식)의 눈에 보이는 물질적 세계이고 다른 하나는 내적이며 눈에 보이지 않는 정신적 세계(내면의식)이다.

우리가 언제나 외부세계의 어딘가에 있듯이, 내면의 세계에서도 항상 어떤 마음의 상태에 있게 된다. 우리는 외부세계의 물리적 위치를 신체적으로 바꾸듯이 심리적으로도 내면세계의 위치를 뜻대로 바꿀 수 있어야 한다. 우리의 의식은 단 하나의 시-공간 차원에만 머물러 있을 필요가 없다. 두 가지 시선을 동시에 유지하는 것, 이것이 삶에 대한 창조적 태도이며 변화의 시작이다.

의식전환 프로젝트의 성공적 수행을 위해서는 우리가 체험하는 삶의 세계의 '안과 밖', 인간 의식의 내면과 우리가 현실이라고 부르는 바깥세상, 이 두 세계를 의미 있게 연결해 줄 수 있는 새로운 패러다임이 필요하다. 이를 위해 창안한 것이 곧, 휴먼시스테믹스 프로그램이다. 이런 의식전환을 위해서는 시간을 인식하는 3가지 측면 즉, 시간의 두 차원, 시간의 순환고리, 시간의 두 흐름을 이해하는 것이 핵심이다.

시간의 두 차원

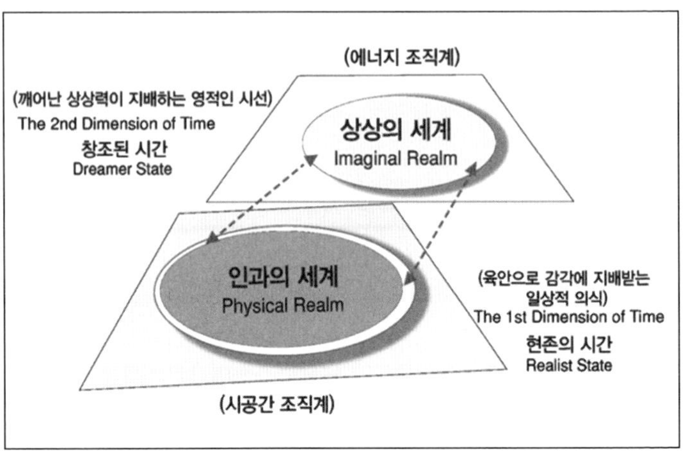

<그림 14> 시간의 두 차원

현존의 시간(Realist State, The 1st Dimension of Time)

인과의 세계(Physical Realm): 시공간 조직계

창조된 시간(Dreamer State, The 2nd Dimension of Time)

상상의 세계(Imaginal Realm): 에너지 조직계

시간의 순환고리

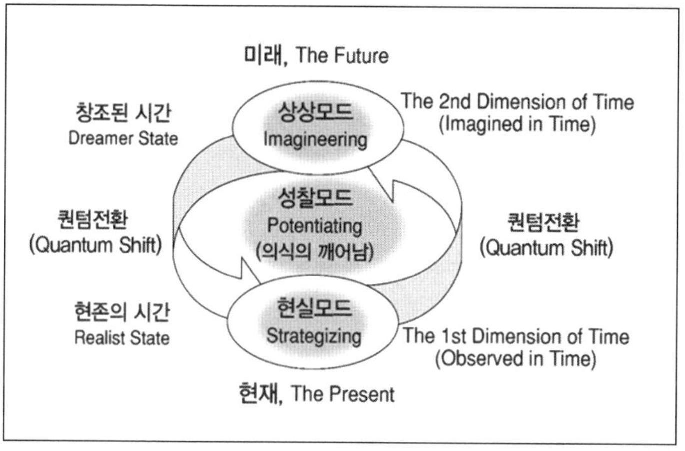

<그림 15> 시간의 순환고리

창조된 시간(**Imagined in time**): 상상모드(Imagineering)

현존의 시간(**Observed in time**): 현실모드(Strategizing)

의식의 퀀텀 전환(**Quantum Shift**): 성찰모드(Potentiating)

시간의 두 흐름

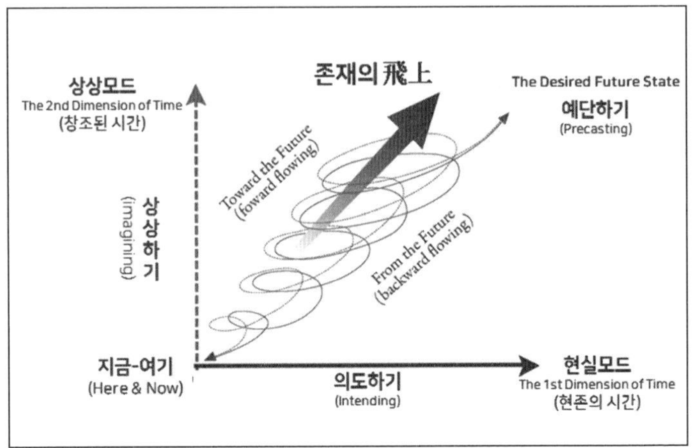

<그림 16> 시간의 두 흐름

상상하기(Imagining) : 본다

의도하기(Intending) : 한다

예단하기(Precasting) : 된다

Ⅱ. 심상명상(Image Meditation):

기적의 공식: 봄 - 함 - 됨

기적의 공식 '봄-함-됨'은 핵심신념을 창조하는 의식적인 자기암시법이다. 핵심신념은 자신의 삶에서 무언가 반드시 이루고자 하고, 되고자 하는 특별한 형태의 결의이며, 우리가 자신의 모습을 원하는 대로 프로그램할 수 있게 만들어 주는 열쇠를 제공한다.

필요가 발명의 어머니라면, 상상은 창조의 아버지라고 할 수 있다. 모든 창조는 상상에서 비롯된다. 인간은 자신이 절실히 원하는 것을 상상하고, 그렇게 상상한 것을 의도하며, 드디어 자기가 의도한 결과를 예단하게 된다

상상이 현실을 창조한다는 것과 느낌이 상상의 비밀이라는 것의 진정한 의미를 깨달을 수 있게 되면, 우리가 이 세상을 살아가는 데 비장의 무기를 간직하는 것과 마찬가지이다.

상상 속의 이미지들은 '실체'이고, 이 세상에 모습을 드러낸 모든 물질적인 것들은 우리의 의식 안에서 내면의 이미지가 비친 '그림자'에 불과하다.

핵심 신념 창조하기

자아상(Self-Image)은 우리가 살아가는 데 있어서, 의식각성을 위한 가장 강력한 도구이다.

자아정체성(Identity)차원의 변화는 핵심신념(Core Belief)의 변화이며, 우리 존재 내부 시스템 전체를 바꾸어 놓는다.

느낌은 무언가 조직화하고 응집된 에너지로서 존재의 가장 깊은 차원에서 인체 에너지장을 조직화하는 파동이며, '나'를 '나'라고 여기는 자아정체성에 관한 핵심신념(Core Belief)에 연결되어 있다.

우리가 자신에 관한 어떤 확실한 느낌을 수반하는 새로운 신념을 지니게 되면, 이것이 강력한 끌개가 되어 순식간에 우리를 변화시키게 된다.

기적의 공식, '봄-함-됨'

: 삼자결(三字訣)의 비법(秘法)

우리가 이 세상에서 절실히 원하는 것이 있다면,

[본다]는 여러분이 세상 안에서 간절히 구하고자 하는 것들을 이미 실현되어 눈에 보이는 것으로 받아들이고,

[한다]는 여러분이 세상 안에서 간절히 구하고자 하는 것들을 이미 실현되어 눈에 보이는 것으로 받아들이고,

[된다]는 그것들에 믿음을 유지해서 실제로 된 것을 사실로 받아들이고,

현실처럼 느껴질 때까지 마음의 상태를 유지해야 하는 것이 요령이다.

본다

상상하기: Imagining

여러분이 성취하고자 하는 목표를 명확히 하고, 원하는 것이 무엇인지 뚜렷하게 보는(아는) 것이다. 여러분이 원하는 것이 이루어졌다면 일어날 만한 사건을 떠올려 보고, 그 사건은 여러분이 원하는 것을 이루었다는 증표를 나타내고, 여러분 자신의 눈으로 그것을 생생한 느낌을 가지고 볼 수 있어야 한다.

한다

의도하기: Intending

여러분이 마음속으로 원하는 것이 실현되었을 때, 하려고 구상했던 행동을 하고 있다고 느끼고, 실제로 지금 여기에서 그 행동을 하고 있다는 것을 상상해야 한다. 실제로 그 행동들을 즐기면서 하고 있다고 느끼면서, 마음의 영상 안에서 느껴지는 생생한 감각들이 여러분에게 현실처럼 다가와야 한다.

된다

예단하기: Precasting

원하는 것이 이미 이루어졌다는 느낌을 사실로 받아들이고, 여러 분의 마음속에 원하던 것이 드디어 성취되었다는 확고한 느낌으로 채워야 한다. 이루어진 것을 하나의 생생한 느낌으로 압축시켜 지금 그것들이 이미 그렇게 된 것처럼 받아들이고, 어떤 일들이 일어나는지 상상해 본다.

Ⅲ. 동작명상(Motor Meditation):

온맘돌이, 온결돌이, 온몸돌이

동작명상은 음과 양의 에너지가 아우러지는 3가지 나선형의 소용돌이(온맘돌이, 온결돌이, 온몸돌이) 동작으로 이루어져 있다.

나선형의 소용돌이는 우주적 에너지의 발현이며, 거시세계인 지구가 속해있는 은하계(Milky-way Galaxy)와 안드로메다은하, 그리고 미시세계의 인체 세포와 DNA구조에 이르기까지 모든 움직임의 원형(Archetypal Movement)이며 생명의 기본적인 패턴이라고 할 수 있다.

동작명상은 존재의 근원과 하나 되는 근원의 몸짓이자, 포용성과 초월성 그리고 자연성을 회복하는 치유의 몸짓이다.

또한 우리의 심신 에너지장에서 가장 중요한 3개의 핵심적 신경 중추를 연결하고, 이를 통해 인지 기능과 정서기능, 신체 생리적 기능을 조화시켜 이들을 강력히 통합시킨다.

三太極의 몸짓: 온맘돌이

온맘돌이는 삼자결(三字訣)의 비법(秘法) 즉, '봄-함-됨'을 삼태극의 몸짓으로 표현한 것으로 삼태극은 한국의 문화적 상징이기도 하다. 또한 삼태극은 천·지·인(天·地·人)과 같은 한국 사상의 핵을 이루고 있다.

온맘돌이는 '봄-함-됨' 이라는 기적의 공식을 의식화된 상징적 동작으로 표현한 것으로, 가슴이 중심이 되어 이루어진다는 점이 그 특성이라 할 수 있다.

온맘돌이는 존재의 중심인 가슴을 경영함으로써 신체적으로뿐만 아니라 심리적, 정서적, 그리고 더 나아가 정신적으로 삶 전체의 흐름과 패턴에 근본적 변화를 가져올 수 있게 만드는 몸짓인 것이다.

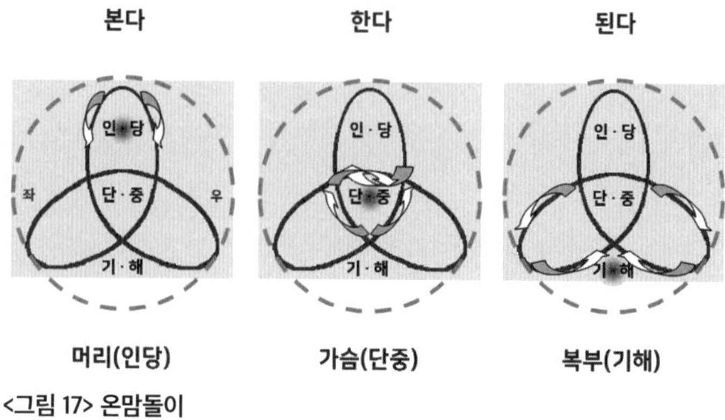

<그림 17> 온맘돌이

동작명상 효과(1): 두뇌 – 심뇌 – 장뇌

본다 – 머리(인당: 상단전) - **Ajna Chakra**

-> 두뇌영역. 지성의 힘(에너지) 강화하기: 인지(Cognition)

한다 - 가슴(단중 : 중단전) - **Anahata Chakra**

-> 심장영역. 감성의 힘(에너지) 강화하기: 정서(Emotion)

된다 - 복부(기해 : 하단전) - **Manipura Chakra**

-> 근원영역. 근원적인 힘(에너지) 강화하기: 의욕(Conation)

동작명상 효과(2): 뇌기능의 활성화

좌뇌 우뇌　　-> 좌뇌와 우뇌를 연결하는 통합성 차원

전뇌 후뇌　　-> 전뇌와 후뇌를 통합하는 집중력 차원

대뇌 간뇌　　-> 대뇌와 간뇌를 연결하는 균형성 차원

Ⅳ. 종합정리

: 연금술사는 과연 누구인가

연금술사는 자신의 존재의 중심점을 자신의 내부로 옮겨, 외부로부터의 인상을 자신이 定하는 방식으로 '봄-함-됨'을 통해 스스로에게 작용시킬 수 있으며,

내가 根源이고 (근원의식)

내가 決定하며 (주체의식)

내가 主人이다 (주인의식)

라고 선언할 수 있어야 한다.

연금술사는 '봄-함-됨'이라는 사유실험을 통해 자기초월적 변신 능력을 스스로에게는 물론 바깥세상을 향해 입증시킬 수 있어야 한다.

<그림 18> 연금술사 존재의 변형

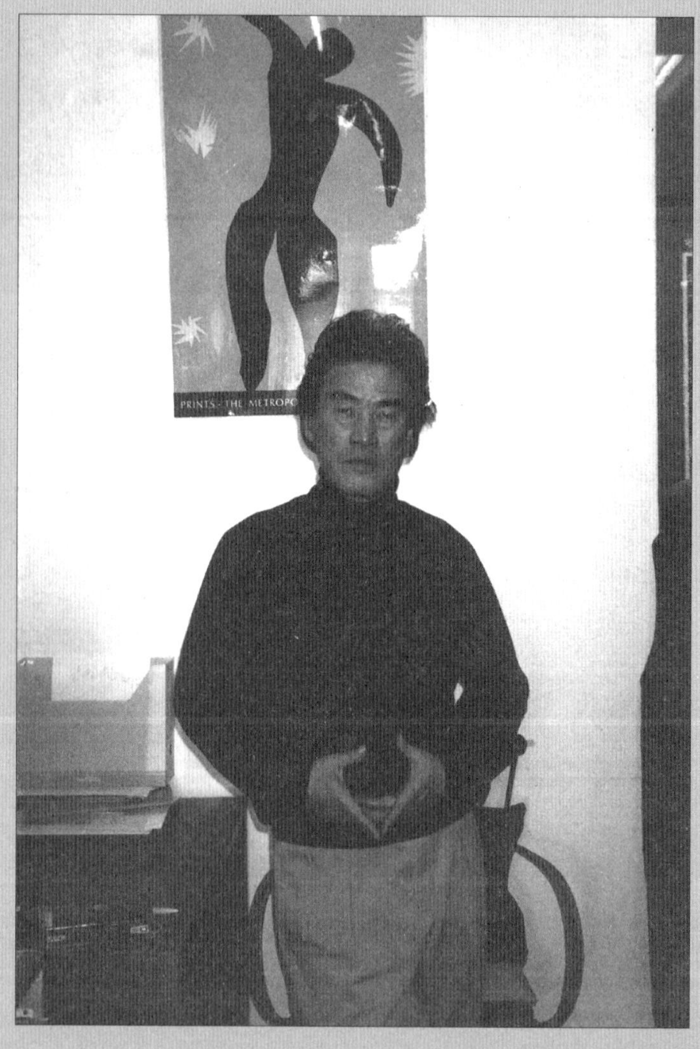

융합의 연금술을 탄생시킨 인간과학연구소에서

제3장

根原을 찾아가는 시간여행 ,은거시절 (2010~현재)

시간의 연금술

도인(道人)으로서 세 번째 실험 :

- 復明山房에서 고요를 듣다

3개의 에피소드

1. 부명산방
2. 도인명상
3. 시간명상

제1화

부명산방(復明山房)에서 고요를 듣다

세 가지 꿈 이야기

2000년대에 접어들어 나는 어느덧 오십 대 후반에 접어들고 있었고, 당시에 나는 서울 근교, 보다 정확히는 과천시와 안양시가 만나는 인덕원을 좀 지나 백운호수 근처에 살고 있었던 때였다.

사는 지역이 워낙 조용해서 나는 무척 마음에 들었고, 그곳에서 교수 생활을 마무리하고 싶은 마음뿐이었다. 그러나 당시에 나라 전체가 부동산 투기와 그에 따른 재건축 열기에 들떠 있었고, 내가 사는 곳도 예외는 아니었다. 그래서 그곳을 떠나야 하는 상황이었다. 그런데 그때 나는 강남 한복판에 아주 자그마한 아파트를 가지고 있었는데 그곳도 그 훨씬 전부터 부동산 열기에 예외는 아니어서 이미 재건축이 십여 년 전에 시작된 집이었다.

그 집은 박사학위를 받은 후 유학생활을 끝내고 귀국하여 교수 생활을 하면서 마련한 집이었는데, 십여 년이 지나도록 재건축은 더디게 진행되었고, 그동안 아주 가끔 재건축 예정지에 와보면 2미터가 넘는 잡풀이 우거져 있을 뿐이었다.

그러던 어느 일요일 아내와 함께 그곳을 방문하고 나서 집으로 향하던 때였다. 어느새 날이 어두워져 비가 주룩주룩 내리고 있었고 선릉공원을 지나 선릉로 모퉁이를 돌아서는 순간 왼쪽으로 전에 보지 못하던 8층짜리 멋진 흰 건물이 갑자기 눈에 들어왔다. 그때는 이미 어두워진 후였기 때문에 아무런 기대 없이 그곳을 지나려는 순간 8층 방 하나에 유독 불이 켜진 것이 눈에 띄었다. 나는 차를 세우고 너무나 궁금하여 길을 건너 찾아가게 되었다.

왜냐하면 나는 오래전부터 그 동네에 살면서 대학교수직을 그만두면 선릉공원 바로 근처 고즈넉한 거리에 연구실을 갖고자 하는 꿈이 있었기 때문이다. 그런데 마침 그 건물 전체에 빈방이 딱 하나가 있다는 것이었다. 집으로 돌아가는 동안 내내 마음이 초조해져 어찌할 바를 몰랐다. 더욱 이상한 것은 동네에 도착하니 집 앞 부동산 사무실도 일요일임에도 불구하고 문이 활짝 열려 있었다.

들어가서 오늘 일을 이야기하고 구입 방법에 대해 의논을 하니, 마침 우리 동네도 재건축 이사비용을 곧 지급할 예정으로 이것으로 구입할 수 있을 것이라고 했다.

일은 의외로 쉽게 풀려 그토록 소망했던 부명산방(復明山房) 이라는 이름의 연구실을 갖게 되었다. 그 후로 나는 매일 연구실에서 소일하며 차를 마시거나 좋아하는 음악을 들으면서 일상을 보내면서 언제부터인가 세 가지 꿈을 반복해서 꾸게 된다.

꿈속에서 황금산을 오르다

가장 오래전부터 꾸었던 첫 번째 꿈은 황금산을 오르는 꿈이었는데, 온 세상이 다 황금빛 세상이었고, 그 산을 나는 힘들이지 않고 오르다가 황홀한 마음이 들 때쯤이면 갑자기 잠에서 깨곤 하였다. 이 황금산을 오르는 꿈은 일 년에 두어 번씩 꾸게 되었고, 꾸고 난 다음에는 몇 주일이고 그 황홀했던 마음의 여운이 남아 혼자 빙그레 미소를 짓기도 하였다.

꿈속에서 무수한 별을 보다

두 번째로 자주 꾸게 되는 꿈은 꿈속에서 무수한 별을 보고 감탄하면서 사방을 둘러보며 팔을 휘휘 저으면서 다니는 꿈이었다. 어떤 꿈에서는 밤하늘이 온통 다 회청색이었고, 별들은 모두 흰색을 띤 별들이었다. 그런데 어떤 때에는 그 별들이 이곳저곳으로 형태를 만들면서 이동하는데, 나는 그때마다 마음속으로 내가 원하는 형태의 별들이 만들어지기를 바라는 것이었다. 별은 간혹 내가 원하는 대로 만들어지다가도 곧 흩어져 사라졌다.

꿈속에서 대륙을 횡단하다

마지막으로 자주 나타나던 꿈은 광활한 대륙을 단숨에 횡단하는 꿈이었다. 마치 거대한 지도 위를 날아다니는 것 같은 환상적인 꿈이었다. 아마도 이 꿈은 유학하기 전에 소망했던 미지의 곳을 향하는 나의 마음이 반영된 것이 아닌가 싶다.

제2화

근원을 찾아가는 도인(道人)명상

이제부터 잠시 동안 자신의 '근원'에 대한 명상 시간을 갖겠습니다.

온몸의 긴장을 풀어줍니다.
어깨와 가슴의 긴장을 풀어줍니다.
조용히 눈을 감고 평온을 유지한 채
마음속으로 온몸을 느껴봅니다.

1

이제 천천히 자신의 주의를 바깥으로 보내, 외부환경을 알아차리기 시작합니다. 그리고 집에서나, 직장에서 혹은 다른 어느 곳에서나 자신이 아주 긍정적인 감정상태, 무엇이든 이룰 수 있을 것 같은 자신감을 갖고, 몸 전체에서 힘과 에너지가 느껴지고, 고도의 창의성을 발휘할 수 있을 것 같은 가장 이상적인 상황이나 환경에 대해 생각해 봅니다. 이런 이상적인 외부환경이야말로 여러 점에서 자신이 지닌 잠재력, 자원을 끌어낼 수 있는 근원이 될 수 있습니다.

이번에는 반대로, 자신의 내면에 있는 다른 근원으로부터 자원을 끌어내야 하는 매우 도전적인 상황에 주의를 보내 봅니다. 그리고 자신이 처한 외부환경보다 더 깊은 자신의 내면에, 자신의 '근원'이 있음을 알아차리도록 합니다…

자신의 외부가 아닌 깊은 내면으로부터 느껴지는 자신의 근원에 대해 알아차리는 순간, 자신의 손바닥을 아래로 하여 두 손을 무릎 위에 살며시 내려놓습니다…

그런 후 자신의 두 손을 조용히 무릎 위의 편안한 위치로… 다시 가져다 놓습니다.

2

이제 당신의 주의를 자신의 몸으로 옮기도록 합니다.

자신의 두 눈… 두 귀…

그리고 자신의 두 손… 두 다리와…

자신의 호흡에 주의를 보내면서 균형을 유지하려는 미세한 몸의 움직임을 알아차립니다. 이제 자신의 몸에서 느껴지는 힘과 에너지로부터 솟아나는 행동차원의 어떤 자원에 대해 생각해 봅니다.

어떤 경우에도 자신의 몸(신체)이야말로 자원이 샘솟는 원천입니다…

설혹 당신이 신체적으로 매우 허약해져, 모든 에너지가 소진되거나, 병이 든 순간일지라도 당신이 다시 강해질 수 있다는 점을 깊이 깨닫도록 합니다. 이런 경우에도 자신의 몸이나 행동보다도 더 깊은 곳에, 당신의 근원적 능력이 있음을 알아차리도록 합니다.

3

이제 자신의 몸, 보다 깊은 곳에서 오는, 자원의 원천을 알아차린 다는 의미에서 배꼽 바로 아래로 두 손을 옮겨 하복부에 살며시 올려놓고,

깊은 호흡과 함께 그곳에 앵커링합니다…

그런 후, 두 손을 다시 자신의 무릎 위…

편안한 위치에 올려놓습니다.

이제 자신의 주의를 당신이 지닌 '자아'에 대한 느낌과 가치에 대해 생각해 보면서, 자신에게 강력한 동기를 부여하는 핵심가치와 신념이 무엇인지 확인합니다.

자신에 관한 핵심 신념과 가치야말로 당신에게 무엇보다도 소중한 자원의 원천이 됩니다. 그러나…

때로는 그것에 대한 믿음이 흔들리거나 …

내면의 갈등은 당신의 능력을 가로막을 수도 있다는 사실에 주목해 보도록 합니다.

이 경우에도, 당신이 지닌 자원의 원천은 당신 자신이 지닌 신념이나 가치체계보다도 더 깊은 곳에 있음을 알아차리도록 합니다.

이제 당신의 두 손을 위로 옮겨 자신의 가슴 중심에 있는 심장 부위에 두 손바닥을 살짝 올려놓으면서, 깊은 호흡과 함께 앵커링합니다…

그런 후 두 손을 다시 무릎 위 편안한 위치로 가져다 놓습니다.

4

이제 다시 자신에 대한 느낌에 주의를 보냅니다. 당신 자신의 여러 가지 다른 모습을 알아차리도록 합니다. 특히, 자신이 지닌 어떤 긍정적 이미지나 자기 자신에 대한 특별한 느낌들에 주목해 봅니다. 자신이 지닌 서로 다른 많은 모습이야말로 당신이 지닌 다양한 자원의 원천임을 알아차립니다. 그러나 때로는 부정적인 자아 이미지와 자신에 대한 부정적인 생각으로 고통스러울 때도 있었음을 주목합니다. 또한 때로는 당신이 자신에 대한 자신감을 잃었을 때나, 자신이 도대체 어떤 사람이 되려 하는지 아무런 생각을 가지지 못했던 때를 기억합니다…

그러나 이런 때일지라도 자신에 대한 당신의 느낌보다 더 깊은 곳에 자신의 근원이 있음을 알아차립니다. 이제…

당신 자신의 존재를 알아차립니다. 그리고 자신을 둘러싸고 있는 주변의 다른 모든 것들과의 차이를 알아차리면서, 자신의 가장 깊은 차원에 남겨져 있는 '당신 자신'에 주목합니다. 이런 '당신 자신의 존재를 자각하면서…

자신의 두 손을 위로 올려 '자신의 앞이마' 가운데로 가져가…

가장 깊은 곳에 있는 자신의 본질인 근원을 느껴 보면서…

깊은 호흡과 함께 그곳에 가벼운 터치로 앵커링합니다. 그런 후에, 두 손을 다시 자신의 무릎 위, 편안한 위치에 올려놓습니다.

5

이제 깊은 호흡을 하면서…

천천히 눈을 뜹니다…

천천히 팔을 벌려 두 손을 머리 위로 가져가, 자신의 의식이 광대한 우주의 에너지장, 더 큰 우주의 마음에 열려 있다고 상상해 봅니다. 당신의 본질인 당신 자신의 의식 에너지가 무한한 우주와 연결되어 있다는 느낌을 가져봅니다.

이제 자신의 두 팔을 통해 자신의 존재가 온 누리에 퍼져있는 그 에너지장에 연결되어 있다고 상상해 봅니다.

이제 두 팔을 천천히 앞이마를 거쳐 아래로 가져와, 두 손바닥을 모아 가슴 앞에서 마주 보게 하고, 우주의 장과 연결된 자신의 영혼을 깊은 호흡과 함께 가슴 깊이 느껴봅니다. 그리고 두 손을 복부로 가져와, 그 우주의 에너지가 당신의 몸 구석구석에 퍼져…

온몸의 모든 세포가 그 에너지장으로 채워져 온몸에 충만해진다고 느껴봅니다.

자, 이제 자신의 두 손을 자신의 무릎 위로 다시 가져와 편안히 올려놓습니다. 편안한 상태에서 몸 전체로 존재의 중심인 '근원'을 느껴보면서, 언제나 필요하면 이 근원과 하나가 될 수 있는 자신만의 '상징' ψ(a winged existence : 날개 달린 존재로 하늘을 향해 치솟는, 인간과학연구소 로고가 됨) 을 만들어 냅니다.

제3화

근원을 찾아가는 시간(時間)명상

이제부터 시간여행을 통해 '나'를 찾아가는 시간을 갖겠습니다.

온몸의 긴장을 풀어줍니다.
어깨와 가슴의 긴장을 풀어줍니다.
조용히 눈을 감고 평정상태를 유지한 채
마음속으로 온몸을 느껴봅니다.

1

이제 눈을 감은 채 깨어있는 의식의 빛을 당신 자신에게로 가져옵니다. 외부세계로부터 벗어나 당신 자신에게로 가까이 다가갑니다. 이제 의식을 호흡으로 옮겨가도록 합니다.

천천히 가슴으로 호흡을 느껴봅니다.

바로 이곳, 지금 이 순간의 호흡을 느껴봅니다.

지금 이 순간…

이 상태에서 긴장을 풀기 시작합니다. 또한 지금 이 순간에 필요치 않은 모든 긴장을 놓아버리고 아주 편안한 상태가 됩니다.

2

이제 눈을 감은 채 자신의 주의를 양 눈썹 한가운데로 가져갑니다. 그리고 그곳에 더욱 주의를 집중합니다.

완전히 양 눈썹 중앙에만 주의를 집중합니다.

그곳에 계속 주의를 집중한 채 머물면서, 마음의 눈으로 광대한 내면의 공간을 만들고, 현재 있는 곳으로부터 과거와 미래, 좌우 양쪽으로 무한대로 뻗어있는 타임-라인을 시각화해 봅니다. 그리고 그곳에 자신의 주의를 계속 집중합니다.

이제 의식의 공간, 현재의 위치에서 자신의 의식이 몸 밖으로 빠져나와 타임-라인 위로 높이 떠올라, 하나의 빛이 되어 아득한 과거를 향해 날아간다고 상상해 봅니다. 아무것도 존재하지 않았던 시간 이전의 상태로 날아갑니다.

시간이 시작되기 이전, 아무런 활동이나 움직임도, 리듬도 없고, 어떤 형태나 사건도 일어나는 일이 없습니다. 그래서 그곳은 그저 순수의식만이 무한한 가능성으로 존재했던, 아무런 이름조차 붙일 수 없는 이 세상의 끝, 가장자리입니다.

3

이제 당신은 의식의 빛이 되어 시간이 시작되기 이전, 아무것도 존재하지 않았던, 아무것도 없었던 곳에 서 있다고 상상해 봅니다.

어떤 말로도 표현되지 않고, 형태조차 없고, 이름도 없이 당신이 존재하기 이전의 순수의식만으로 존재했던, 아무것도 없는 공의 세계를 꾸준히 응시합니다. 그리고 그 내면의 공간에 나타나는 어떤 이미지나 생각, 그리고 감정이나 느낌들을 알아차립니다.

그것들을 차단하거나 억누르지 않으며 관계하지 않습니다. 그저 이 공간에 나타나는 것의 관찰자가 되도록 합니다. 나타났다가 사라지는 하나하나의 이미지나 생각들을 바라봅니다. 이제는 그 이미지를 그곳, 의식의 공간에서 사라지도록 합니다.

4

이제 당신은 모든 시간이 사라져간, 영원을 향해, 이 세상의 끝, 가장자리로 다시 이동한다고 느껴봅니다. 그곳, 이 세상, 우주의 끝, 가장자리에 서서 모든 시간이 끝나버린, 시간이 더 이상 존재하지 않는 시간 이후의 영원을 응시합니다.

이제 모든 시간이 끝나는 그 가장자리, 경계에 서서 영원을 바라봅니다. 모든 것이 사라져 아무런 이미지나 생각이 없으며, 그저 그곳에 아무것도 '없음'을 알아차립니다.

깨어있는 의식으로 잠시, 아무것도 '없음'을 알아차립니다.

5

이제 당신은 모든 시간이 사라져간 그 끝, 가장자리에서 다시 떠올라, 지금 여기, 이곳 현재의 시간 속으로 뛰어듭니다.

이제 다시 의식의 공간을 자각하고, 자신의 전존재(全存在)를 알아차립니다. 자신의 신체와 생각뿐만 아니라 자신의 전존재에 대해 자각합니다. 의식의 빛을 날카롭게 세운 채 존재의 중심인 가슴을 향해 뛰어들어갑니다. 의식의 빛이 되어, 존재의 중심 한복판을 뚫고 지나갑니다. 전존재의 중심이자 근원인 '나'를 자각합니다.

몸이나 느낌의 상태 혹은 환경이 바뀌어도 변하지 않는 순수의식인 '나'에 주의를 집중합니다. 나의 신체를 바라보고 있는 '나', 나의 생각을 바라보고 있는 '나', 그리고 내 몸 안팎의 모든 것을 바라보고 있는 순수의식인 '나'에 주의를 집중합니다. 이 모든 것이 바뀌어도 항상 이들을 지켜보고 있는 이 모든 변화의 근원인 '나'를 자각합니다.

이런 시종일관한 불변의 순수의식인 '나'에 대한 자각이 생길 때, 모든 것은 근원인 '나'와 합일합니다. 근원인 나와 하나 되는 것입니다. 이 세상에 존재하는 모든 것이 근원과 하나 된 '나'와 다르지 않습니다. 모든 것이 근원의식인 '나'의 안에 있습니다. 존재하는 모든 곳 속에 순수의식으로서의 내가 함께 있음을 알아차립니다. 근원의식인 '나'의 자각 속에 모든 자각이 들어있습니다. 자신의 전존재(全存在)를 자각해 봅니다. 창조의 근원으로서 순수의식인 '나'의 존재를 자각해 봅니다.

6

이제 스스로에게 묻습니다.

‘나는 누구인가?’

‘나’는 자신을 포함하여 존재하는 모든 것을 알게 만드는 자각인 것입니다. 나는 그저 존재할 뿐만 아니라 내가 존재하고 있음을 알고 있습니다. 나는 나의 육신을 경험합니다. 나는 생각합니다. 나는 이 모든 나의 생각과 느낌을 ‘지켜보는 자’ 입니다. 나는 항상 나 자신을 ‘바라보는 자’입니다.

지금 이 ‘바라보는 자’, 모든 것을 자각하는 자에게 주의를 집중합니다. 여기에 ‘또 하나의 나’ 즉, ‘바라보는 내’가 지켜보는 ‘관찰되는 나’가 항상 동시에 있음을 자각합니다. ‘지켜보는 나’는 정신계에서 존재하고, ‘관찰되는 나’는 물질계에서 존재합니다.

자신의 육신을 바라보십시오. 그리고 이 육신을 자각할 수 있는, 바라보는 과정을 알아차리십시오. 누가 보고 있으며, 누가 이 육신을 관찰하는 자인지 내면으로 더 깊이 들어가 알아차리십시오. 자신 안으로 더 깊이 들어가 봅니다. ‘지켜보는 나’와 이 ‘지켜보는 나’를 ‘지켜보는 또 다른 나’를 자각하십시오. 스스로에게 묻습니다. ‘나는 과연 누구인가?’

7

이제 자신의 의식을 내면의 세계에서 외면의 세계로 가져옵니다. 편안하게 숨을 들이쉬고 내쉽니다. 잠시 시간명상을 통한 자신의 내면을 찾는 시간이었습니다. 자, 천천히 눈을 뜨십시오.

세 가지 질문

1. 핵심질문
2. 중심질문
3. 부차질문

1. 핵심질문

: 의식의 퀀텀전환을 위해
연금술사는 어떻게 思惟實驗을 하는가?

연금술사의 의식전환을 위한 사유실험을 이해하기 위해서는 연금술사가 시간을 인식하는 3가지 측면 즉, 시간의 두 차원, 시간의 순환고리, 시간의 두 흐름을 이해하는 것이 핵심이다.

시간의 두 차원

먼저, 시간의 첫 번째 차원은 현존의 시간(observed in time : the 1st dimension of time)에서의 시공간 조직계 곧 우리 눈에 보이는 인과(因果)의 세계(Physical Realm)를 말한다.

시간의 두 번째 차원은 창조된 시간(imagined in time : the 2nd dimension of time)에서의 에너지 조직계로서 오직 깨어난 의식만이 통제할 수 있는 마음으로서만 이해할 수 있는 상상(想像)의 세계(Imaginal Realm)이다. 이런 시간의 두 차원 즉, 창조된 시간 - 상상의 세계(Dreamer State)와 현존의 시간 - 인과의 세계(Realist State)를 번갈아 넘나드는 순환적 양면성을 보여주고 있다.

시간의 순환고리

이와 같이 우리의 마음은 끊임없는 시간의 순환 고리(a time loop) 속에 있으며, 두 방향의 흐름이 교차하는 어디에서건 양자(의식)세계의 가능성은 물질세계에서의 실제의 현실로 현시된다고 말한다.

두 흐름이 교차하는 이곳은 바로 의식이 깨어나는 지점이고 현존의 시간과 창조된 시간이 가로지르며 만나는 이 순간이야말로 의식상태가 변환하는 순간이다. 즉 자아의식의 밑바닥에는 自在的인 실재가 존재하며 그 실재는 세 가지 사유(思惟)모드 - 현실모드, 상상모드, 성찰모드 - 이며 이 중에서 현존의 시간과 창조된 시간을 넘나드는 경계에 있는 멈춤의 순간, 성찰모드는 세 가지 의식상태의 내적주시자이며 '진정한 나'로서 의식의 퀀텀전환(자각)이 일어나는 지점으로 여기에서는 중간계(中間界)라고 부르기로 한다.

이 중간계에서는 의식적인(성찰), 즉 관찰행위가 없을 때는 순수한 잠재력(잠재태)으로만 존재한다. 의식적인 행위가 없다면 이 중간계에서는 오직 순수한 잠재태(력)으로만 존재할 뿐이다. 이 중간계는 가상의 영역으로서 관찰이라는 의식적인 성찰행위가 없을 때는 순수한 잠재태로서 존재하며 성찰의 순간 가능태가 현재태로 현시되는 지점이다.

2. 중심질문

: 연금술사에게 미래는 어떻게 오는가?
　연금술사는 자기가 원하는 미래를
　어떻게 오게 하는가?

시간의 두 흐름

시간은 미래를 향해 흐르기도 하고 미래로부터 흘러오기도 한다. 연금술사는 끊임없이 교차하며 흐르는 현존의 시간과 창조의 시간이라는 두 흐름 속에서 연금술사는 자기가 원하는 미래의 특정 상태를 예단(precasting)해 가게 된다.

즉 현존의 시간 속, 현실모드(realist state)에서 창조된 시간 속, 상상모드(dreamer state)에서 현실모드로 번갈아 가며 마음상태의 전환을 시도한다. 여기에서 현재와 미래, 양방향을 향하는 시간의 흐름은 단선적이 아닌 이중나선형적 얽힘의 과정이다. 이는 비유하자면 연금술사가 '상상'과 '의지'의 두 날개를 달고 연금술사 스스로의 존재가 원하는 미래를 향해 비상하는 과정과 같다.

이런 과정 <예단하기>는 '상상하기'와 '의도하기'와는 달리 연금술사의 자각이 5次元的 상상력으로 확장되는 것과 같다.

3. 핵심질문

: 연금술사는 과연 누구이며
제4의 의식상태(The 4th State of Consciousness),
즉 근원의식은 가능한가?

샤르뎅이 말하는 '사람됨'이나 웅거가 말하는 '각성된 주체의 궁극적인 상태'는 아마도 인간의 잠재력이 완전히 개발되어 인간 스스로가 자신의 주인이 되는 상태일 것이다.

그러면 우리가 스스로의 주인이 된다는 것은 어떤 의미인가?

이는 결국 나의 의식이 실제로 내가 경험하는 현실을 창조할 수 있음을 의미하는 것이 아닐까? 이것은 우리가 각자 자신의 존재의 중심점을 자신의 내부로 옮겨, 외부로부터의 인상을 '내'가 정하는 방식으로 자신에게 적용할 수 있을 때 비로소 가능해질 것이다. 바꾸어 말하면, 진정한 의미에서 내가 '근원'이 되어, 내가 '결정'하고, 내가 '주인'이 될 때일 것이다.

그렇다면 근원이 된다는 것은 무슨 의미인가?

즉, 자기 자신의 존재에 대한 확실한 느낌은 물론 자신의 내면에서 존재의 중심인 근원의 관점을 유지할 수 있는 상태이다.

근원이 되는 것은 한 개인에게 있어 삶을 향한 자신의 의지를 회복하는 것이다. 또한 근원이 된다는 것은 삶의 의미를 발견하는 차원이 아닌 삶의 의미를 부여할 수 있는 차원을 말한다. 이때, 비로소 우리는 자신이 원하고 뜻하는 대로 이 세상을 경험할 수 있게 되는 것이며, 자신만이 만들어 낼 수 있는 세계를 창조하는 것이다. 이것이 진정한 의미에서의 창조적 삶이다.

세 번째 실험 : 시간의 연금술

은거시절

의식의 퀀텀전환을 위한 연금술사의 思惟實驗
연금술사의 시간인식과 행위, 그 존재방식은?

오늘날 사람들은 정신세계보다는 물질적인 세상에 너무 매몰되어 있는 듯 보인다. 우리에게는 세상을 바라보는 확연히 구분되는 두 가지 시선, 두 개의 눈이 있다. 하나는 현실적인 시야, 즉 육안으로 '현존의 시간' 속에 감각이 지배하는 일상적으로 깨어있는 의식이고, 다른 하나는 깨어난 의식이 통제하는 '창조된 시간' 속의 영적인 시야이다. 문제는 우리가 대부분 육안으로 보는 현실적인 시선에만 사로잡혀 있다는 점에 있다. 두 가지 시선을 동시에 유지하는 것, 이것이 곧 삶에 대한 창조적 태도이며, 이때 우리는 자신의 삶에 대한 마음의 태도를 새롭게 하게 된다.

아직도 대부분의 사람들은 영적인 눈으로 그린 마음속의 형상인 상상의 본질에 대해서는 거의 알지 못하는 듯 보인다. 그러나 위대한 비저너리(Visionary), 즉 연금술사는 상상의 본질을 꿰뚫고 깨어난 상상력을 이 세상에 증명해 내는 법이다.

첫째, 우리가 체험하는 삶의 세계의 '안과 밖', 인간 의식의 내면과 우리가 현실이라고 부르는 바깥세상, 이 두 세계를 의미 있게 연결해 줄 수 있는 어떤 새로운 패러다임의 출현이 가능할 것인가? 바꾸어 말하면, 의식과 과학은 만날 수 있는가? 즉, 인간 과학 혹은 의식 과학은 성립될 수 있는가?

둘째, 인간 의식과 물질세계에 관한 그런 새로운 패러다임의 출현이 만약 가능하다면, 우리의 내면에 품은 우리가 원하는 미래를 인간이 지닌 '깨어난 상상력'으로 실제의 현실 속에 그대로 창조해 낼 수 있겠는가? 이 마지막 질문은 미래 기획의 실천적 방법론에 관한 물음으로써, 우리 모두가 실질적으로 마주해야 할 핵심적 물음이 아닌가 하는 생각이 든다.

인류에게 커다란 영감을 주었던 다른 위대한 드리머(Dreamer)들이나 비저너리들, 예컨대 윌리엄 블레이크(William Blake)의 2개의 비전(The Double Vision)이나 헤르만 헤세(Hermann Hesse)의 2개의 세계(The Two Realms), 그리고 프로이트(Freud)와 융(Jung)의 의식(표층)과 무의식(심층), 앙리 베르그송(Henri Bergson)의 2개의 근원(The Two Sources), 그리고 떼이야르 드 샤르뎅(Teilhard de Chardin)의 사물 '안(Within)'과 '바깥(Without)', 데이비드 봄(David Bohm)의 내적 및 외적 질서모델(The Two Orders)에서 그러했던 것처럼, "우리에게 새로운 '인식의 문'을 열어주고 있으며" 현대과학, 특히 양자역학은 정신세계와 물질세계의 경계를 허물고 있다.

스테판 울프람(Stephen Wolfram)은 새로운 과학에 관한 그의 저서 『새로운 종류의 과학(A New Kind of Science)』(2002)에서 인간 내면의 복잡성이 증대하는 의식 진화는 결국 우리를 둘러싼 자연과 우주 전체를 포함하는 바깥세상에 그에 상응한 복잡성 수준을 발생시킨다고 말한다. 인간 의식은 끊임없는 바깥세상과의 상호작용을 통해 전 우주에 그에 상응하는 복잡성을 나타나게 한다는 의미이다. 이처럼, 인간의 마음은 우주 내의 모든 존재를 인식하게 되며, 이런 자각을 의식의 깨어남이라고 할 수 있다. 마음에는 복잡성 수준의 증대, 즉 얽힘의 슈퍼 패턴이라고 할 수 있는 것이 형성되는데, 이것이 의식이라는 것이다.

칼 프리브람의 홀로그램 모델에 의하면, '정보'가 바탕이 되어, 양자(量子, 정보, 에너지)가 인간의 정신(의식)으로 발현된다고 한다(Pribram, 1977). 즉, 마음과 물질은 둘 다 형이상학적인 것이 아니라 두 종류의 실존하는 실재(實在, reality)라고 말한다. 우주 허공은 텅 비어 있는 것이 아니라, 양자 포텐셜(quantum potential, 정보)로 채워져 있다는 것이다.

마찬가지로 데이비드 봄도 『전체와 접힌 질서(Wholeness and the Implicate Order)』(1980)에서 우리가 사는 이 우주는 활성 정보장(active information field)으로 충만되어 있으며, 밖으로 드러난 물질적 질서(the material order)와 안으로 감춰진 마음의 질서(the order of mind)를 분리할 수 없는 하나의 통일장(a unitary field)으로 보고 있다. 즉 마음(의식)은 정신의 본질을 담고 있는 물질에서 생겨나며 모든 물질은 입자와 파동이라는 이중구조로 이루어져, 물질이 있으면 이 물질의 뒷면에는 항상 에너지장이 존재하고, 이 에너지장은 열려 있어 우주 공간의 에너지와 상호 연결되어 있다는 것이다. 이들이 제안하는 포텐셜의 본질은 바로 이 '정보'가 에너지를 조직화하고, 조직화한 에너지 조직계는 우리들이 통상적인 지각으로 인식하는 시공간 조직계와는 본질적으로 다르다.

최근 들어 이런 홀로그램 원리에 입각한 주장은 단순한 가설적 수준에만 그치지 않고 있다. 실제의 사회집단(social collectives)이나 사회조직(social organization) 내의 정보망과 소통 과정에 적용하여 구체적인 경험적 증거를 도출해 내려는 노력이 1990년대부터 활발히 진행돼 오고 있다.

대표적인 예의 하나는 레이먼드 브래들리의 연구이다(Bradley, 1998). 즉, 자기 조직화하는 전체 사회시스템(global organization of a system) 내의 사회집단들(social collectives) 간의 소통 과정에서, 어떻게 정보가 홀로그램적으로 구조화되어, 함축적 질서(implicate order)인 시스템 안의 모든 다른 부분들로 분포되어 드러나는지에 대한 설득력 있는 과학적 증거들이 바로 그것이다.

봄과 프리브람의 이론에 힘입어 인간 의식과 물질세계의 관계에 대해서도 여러 형태의 과학적 실험들이 진행돼 왔다.

로버트 잔과 브랜다 듄은 우리가 현실이라고 지각하는 것은 우리 내면이 외부환경과 상호작용한 결과라고 한다(Jahn & Dunne, 1987 & 2001).

더구나 우리의 마음은 아주 미세한 입자로 되어 있어 물리적 입자와 동일하기 때문에 그것이 입자일 때는 일정한 공간을 차지하고 그것이 파동으로 변하면 시공간을 초월하여 이동할 수 있다고도 주장한다. 실제로 발레리 헌트는 개인 심리상태의 변화가 물질세계에 어떤 영향을 주는지에 관해 다양한 실험을 진행한 바 있다(Hunt, 1989). 이 실험에서 그녀는 의식에너지 장에서 역동적인 패턴으로 작용하는 일종의 끌개(attractor)의 존재를 입증한 바 있다.

다시 데이비드 봄과 칼 프리브람의 관점으로 돌아와 좀 더 부연하면, 우리가 지각할 수 있는 일상적인 시공간의 '눈에 보이는 세계'의 이면에는 그들이 포텐셜이라고 부르는 '눈에 보이지 않는' 에너지 조직계가 있다는 것이다. 한편에서는 눈으로 볼 수 없는 '안으로 접혀진 포텐셜 질서'가 있고, 다른 한편에서는 '일상적인 시공간에 나타나는 질서'가 있게 된다. 특히 데이비드 봄은 우리의 눈앞에 펼쳐지는 감각적인 현실의 이면에는 그 자체가 의식에너지로 이루어진 존재의 더 깊은 차원, 즉 광대하고 더 본질적인 차원의 현실이 존재한다고 말한다. 그는 이 실재의 더 깊은 차원을 '감추어진(implicate, 접힌, enfolded)' 질서라고 하고, 우리의 존재 차원을 '드러난(explicate, 펼쳐진, unfolded)' 질서라고 부른다. 봄은 이 두 질서 간에는 끊임없는 에너지의 흐름이 있으며 우주의 모든 현상들의 나타남을 이 두 질서 간의 무수한 접힘과 펼쳐짐의 결과라고 본다.

일찍이 오스트리아의 물리학자 슈뢰딩거(Erwin Schroedinger)도 『나의 세계관(My View of the World)』(1925)이란 저서에서 우리가 누리고 있는 삶은 단순히 전체적 존재의 한 부분이 아니며, 각 개인의 삶 자체가 바로 전체라고 말한다. 그래서 '내가 곧 이 전체의 우주이다'라는 전제하에 바로 우리의 의식이 모든 우주를 창조해 낸다고 말한 바 있다.

연금술사에게 미래는 어떻게 오는가?

우리는 항상 미래를 꿈꾼다. 우리가 찾아가는 이 미래는 어떻게 오는 것일까? 바꾸어 말해, 우리가 원하는 미래를 어떻게 오게 할 것인가? 이 질문은 저 자신이 대학원 재학 시절부터 40여 년이 넘도록 매달려온 주제이기도 하다.

이제 맨 앞에서 던졌던 두 가지 물음을 마주할 때가 되었다. 즉, 인간 의식의 내면과 우리가 현실이라고 부르는 바깥세상을 의미 있게 연결해 줄 수 있는 새로운 패러다임의 출현이 만약 가능하다면, "어떻게 우리 내면에 품은 우리가 원하는 미래를 우리가 지닌 '깨어난 상상력'으로 실제의 현실 속에 그대로 창조해 낼 수 있겠는가(How can we make our future exactly the same as we conceive of it in our inner work come out in the world work)?"

어디까지나 여기에서 물음의 핵심은 '어떻게(How)'에 있는 듯 보인다. 이는 사실상 우리 모두가 늘 당면해야 하는 '미래기획의 방법'에 관한 것이다.

이에 대해 로베르토 웅거는 인간을 변화의 주체로 상정하고 각성시켜 '미래의 요소'를 '현재' 속에서 끌어내야 한다고 말한다. 또한 그는 "현실주의자가 되기 위해서는 우리 자신이 예언가가 되지 않으면 안 되며, 예언가는 현재 안에서 미래를 찾아내는 사람"이라고 말하고 있다. 너무도 당연한 애기로 들린다. 그러나 그의 화려한 수

사에도 불구하고, '어떻게' 현재 안에서 미래를 찾아야 하는지에 대한 단서는 어디에도 없다.

흔히 다가오는 일들은 현재 속에 그 그림자를 드리운다고 말한다. 데이비드 봄이 일찍이 말했듯이 미래는 현재 속, 감추어진 질서 속 깊숙한 곳으로부터 끊임없이 우리의 존재차원으로 현시되어 드러나고 있는 것으로 보인다.

"미래는 이미 와 있다. 단지 널리 퍼져있을 뿐이다(The future is already here. It's just not very evenly distributed)"라는 윌리엄 깁슨(William Gibson)의 말도 같은 맥락일 것이다. 그러나 여기에서도 '어떻게'에 대한 단서는 없다.

이와는 대조적으로 프레드 울프(Fred A. Wolf)는 그의 저서 『과학은 지금 물질에서 마음으로 가고 있다(Taking the Quantum Leap)』(1989)에서 우리 앞에 펼쳐지는 "이 세계가 지금-여기에 이런 모습으로 보이는 것은 (미래의 사건을) 우리 스스로가 선택한 결과"라는 대담한 주장을 편 적이 있다.

과연 우리는 울프(Wolf)가 말한 것처럼, '지금-여기'에서 미래에 일어날 사건, 우리가 원하는 다가올 미래의 특정 상태를 미리 선택할 수 있는 것일까? 이 물음이야말로 우리가 실질적으로 마주해야 할 핵심적 질문이 아니던가?

이에 답하기 위해 나는 우리의 시간 인식과 관련된 과감한 연금술사로서의 사유실험(thought experiment)을 시도해 보고자 한다.

I. 시간의 두 차원, 두 세계의 넘나듦, 인과의 세계와 상상의 세계

시간의 첫 번째 차원 : 시공간 조직계

시간의 첫 번째 차원은 현존의 시간에서의 시공간 조직계 곧 우리 눈에 보이는 세계를 말한다. 이 차원은 우리가 가장 잘 아는 세계이다. 이 물질세계는 경계가 분명한 3차원의 모든 것을 포함한다. 시간은 과거에서 현재 그리고 미래로 흘러간다. 이것은 물질계에 있는 모든 것들의 시작과 중간, 끝을 갖고 있어 일시적으로 존재하는 유한한 존재라는 의미이다. 이 차원은 원인과 결과라는 불변의 법칙에 지배를 받는 인과(因果)의 세계이다.

시간의 두 번째 차원 :　에너지 조직계

　시간의 두 번째 차원은 창조된 시간에서의 에너지 조직계로서 모든 것은 정보와 에너지로 구성되어 있다. 이 차원에 있는 모든 것은 실제로 존재하는 것이 아니어서 우리는 그것을 오감으로 접촉하고 인식할 수 없다. 오직 깨어난 의식만이 통제할 수 있는 마음으로서만 이해할 수 있는 상상(想像)의 세계이다. 사실 우리가 이차원에서 볼 수 있는 모든 것은 이 에너지 조직계의 눈에 보이지 않는 감추어진 에너지와 정보가 밖으로 드러난 것이다.

　양자물리학에서는 매우 오래전부터 시간의 두 차원(the double dimension of time)에 대해서 얘기해 오고 있다. 특히 앞에서 언급한 데이비드 봄의 '두 개의 질서모델(the two orders)'도 바로 그중의 하나라고 할 수 있겠다(Bohm, 1989).

　우리 모두는 3차원 공간에 시간이라는 차원을 더하여 4차원의 시공연속체에서 살아가고 있다. 이것이 바로 <그림 19> 밑쪽에서 보여주는 눈에 보이는 시공간 조직계에 나타나는 '현존의 시간(the 1st dimension of time)'이다. 이 시간 차원은 봄이 말하는 이른바 명시적 질서(explicate order)이다. 우리가 현실이라고 부르는 물리적 영역(physical realm)에 속하는 '인과의 세계'인 것이다.

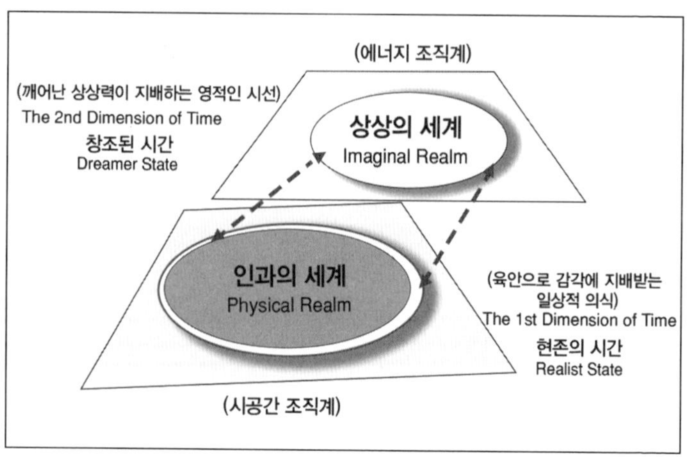

<그림 19> 시간의 두 차원, The Double Dimension of Time

이 '현존의 시간(observed in time)' 속에서 우리는 감각에 지배받는 일상적 의식 상태에 있게 된다. 여기에 더하여 <그림 19>의 위쪽에 있는 눈에 보이지 않는 또 하나의 시간 차원(the 2nd dimension of time)이 있다. 즉, 우리의 상상력이 통제하는 '창조된 시간(imagined in time)'이다. 이것은 순수한 상상의 세계(imaginal realm)로서 양자도약(quantum leap)이 가능한 에너지 조직계이다. 데이비드 봄의 두 개의 질서모델에 의하면, 이것은 안으로 접힌 함축적 질서(implicate order)이고, 여기에서의 의식은 근원 의식으로 시공을 초월한 순수한 5차원적 존재라고 할 수 있다.

우리가 미래에 어떤 특정한 목표가 이루어지기를 원한다면, 우리는 현존의 시간 연장선상에서 '미래를 향해(toward the future)' 원하는 결과를 생각하는 마음 상태를 넘어서 '이 세상 밖으로(out of this world)'의 여행이 필요하다. 즉, 상상의 세계(imaginal world)인 창조된 시간 속으로 뛰어들어 이미 원하는 결과가 실현된 '미래로부터(from the future)' 생각하는 의식 상태로 옮겨가는 것이 중요하다. 이것이 중요한 이유는 원하는 결과에 대해 단순히 머리로 '생각하는 것'과 실제로 실현된 결과를 확고한 느낌으로 가슴속에 '경험하는 것'과 는 근본적인 차이가 있기 때문이다.

우리는 깨어난 상상력으로 우리가 원하는 특정한 미래의 모습을 외적인 바깥세상 속, 지금-여기에 충분히 투영할 수 있다. 그러기 위해서 우리는 언제고 원하면, 감각에 지배받는 일상적 의식 상태, 즉 '현존의 시간(observed in time)' 차원을 벗어나 상상력이 통제하는 '창조된 시간(imagined in time)' 속의 영적인 시야로 옮겨 갈 수 있어야 한다. 여기에서 5차원 공간 즉, 에너지 조직계에서 창조된 시간은 민델이 말하는, 이른바'초공간(hyperspace)'에 속한 실재(實在)이다. 눈에 보이지 않는 이 세계는 객관적으로 존재하는 물리적 영역(physical realm) 너머에 우리의 상상력이 창조한 세계이다.

우리가 삶에 대한 창조적 태도를 견지하기 위해서는 두 가지 시선을 동시에 유지하면서 두 차원의 세계를 넘나드는 것이 중요하다. 칼 융의 제자이자 민델의 스승이었던 바바라 한나(Barbara Hannah)는 이처럼 동시에 두 관점을 유지한 채 적극적으로 상상력을 일깨워 의식 상태를 바꾸는 심리치료법(Active Imagination)의 강력한 효과와 중요성에 대해 특히 강조한 바 있다.(Jung & Chodorow, 1997)

II. 시간의 순환고리, 현존의 시간과 창조된 시간

로버트 사르델로(Robert Sardello)는『사랑과 세계(Love and the World)』(2001)에서 프로이트와 융이 그들의 심층심리학에서 자아 개념(the ego, the Self)의 형성을 오직 과거라는 하나의 시간차원에만 한정시켜 보는 데 대해 강력히 비판하고, '자아'는 미래를 향하는(toward the future) 존재라기보다는, 미래로부터(from the future) 형성되는 존재라고 주장한다.

심리치료(psychotherapy) 측면에서 '나'라는 존재의 실체의 변화는 과거(the past)의 원인에서보다는 미래(the future)의 '가능성'에서 찾아져야 한다는 것이다. 이런 의미에서 사르델로는 '미래는 현재 속으로 흐른다(Future flows into the present)'고 주장한다.

우리가 일상적으로 경험하는 시간의 화살은 과거에서 현재, 그리고 미래를 향해 한 방향으로만 달리는 것이라고 느끼기 십상이다. 딘 라딘이 아인슈타인을 인용해 말한 것처럼 과거, 현재 그리고 미래로 이어지는 시간의 흐름은 우리 마음속에 끈질기게 자리 잡고 있는 환영에 불과한 것이다(Radin, 1997).

시간의 흐름을 강(江)에 비유하면 우리 마음속에는 항상 '두 개의 강(a double flow within time)'이 흐르고 있다. 하나는 '현존의 시간(observed in time)' 속에 현재에서 미래로 정방향(forward flowing)으로 흐르는 '눈에 보이는' 강이다. 다른 하나는 '창조된 시간(imagined in time)' 속에 미래에서 현재로 역방향(backward flowing)으로 흐르는 '눈에 보이지 않는' 강이다. 실상 두 개의 강은 아래 <그림 20>에서 보여주는 것처럼 우리의 마음속에 끊임없이 교차하며 흐르고 있다고 볼 수 있다.

아래 <그림 20>은 뫼비우스의 띠(Moebius Strip)로부터 영감을 받았다. 뫼비우스의 띠는 안과 밖의 구별이 없는 대표적인 도형으로 '벗어날 수 없는 굴레'라는 뜻으로 우주의 무한성을 보여주는 상징으로 알려져 있다. 안이 밖이고 밖이 안이라는 의미이다. 뫼비우스의 띠는 영원히 돌고 도는 앞과 뒤의 구분이 없고, 안과 밖의 구분이 없으며 뫼비우스의 띠를 옆에서 보면 ∞와 같은 무한대 모양이 되는데, 이는 시간의 두 차원 즉, 창조된 시간 - 상상의 세계(Dreamer State)와 현존의 시간 - 인과의 세계(Realist State)를 번갈아 넘나드는 순환적 양면성을 보여주고 있다.

마법과 과학은 어떻게 만나는가? 즉, 中間界에서는 어떤 일이 일어나는가?

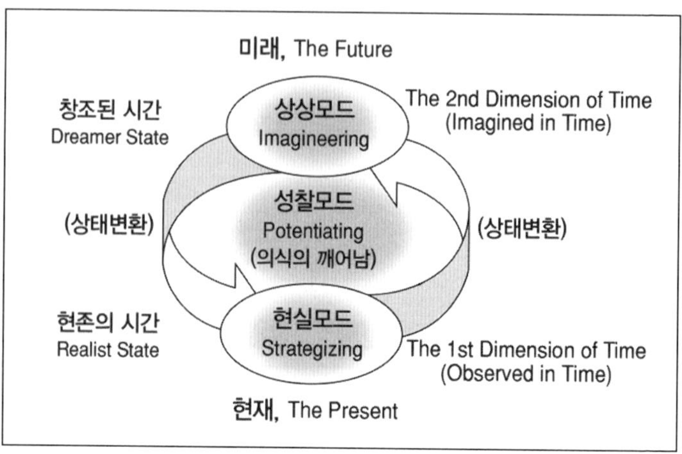

<그림 20> 시간의 순환고리, A Spiral Time Loop

프레드 울프는 그의 저서, 『Mind into Matter』(2001)에서 주장하기를 우리의 마음은 이런 끊임없는 '시간의 순환 고리(a time loop)' 속에 있으며, 두 방향의 흐름이 교차하는 어디에서건 양자(의식)세계(imaginal world)의 가능성은 물질세계(physical world)에서의 실제의 현실로 현시된다고 말한다.

두 흐름이 교차하는 이곳은 바로 의식이 깨어나는 지점이다. 현존의 시간과 창조된 시간이 가로지르며 만나는 이 멈춤의 순간이야말로 의식상태가 변환하는 순간이다. 이 지점에서 우리는 시공간의 안팎에서 동일한 체험을 하게 된다. 왜냐하면 객관적으로 존재하는 물리적 세계에서의 실제 현실을 이해하기 위해서래도 우리는 상상에 의한 주관적인 의식적 체험을 필요로 하기 때문이다. 의식의 영역(마음)과 감각의 영역(물질) 사이에는 린 맥태거트가 말하는 "지속적인 두 갈래 정보의 흐름(a constant two-way flow of information)"이 분명 존재하는 것이다(McTaggart, 2007).

이런 마음과 물질 간의 끊임없는 정보 교환은 인간의 의식적 주의능력(peak attention, a state of concentrated focus)에 대한 오랜 기간에 걸친 실험을 통해 이미 입증된 바 있다.

저명한 뇌 과학자이자 신경과학자인 월터 후리맨은 그의 저서인 『뇌의 마음』에서 우리의 생각이나 행동은 하나의 지속적인 고리를 통해 나타난다고 말하고 있다. 그 생각이나 행동이 특별한 의미를 추구하는 창조적 사고인 경우에는 더욱 그러하다고 볼 수 있다. 그 피드백 고리는 상상모드-현실모드-성찰모드라는 3단계로 나누어질 수 있다.

첫 단계는 우리 뇌가 상상모드에 의해 미래의 원하는 상태에 대한 목표를 만들어내고 정교하게 다듬어 내는 과정이다. 여기에서 우리는 자신의 생각과 행동을 그 목표 쪽으로 맞추게 된다.

두 번째 단계인 현실모드에서는 그 목표를 실제로 행동에 옮겨, 그 행동에 따르는 구체적인 결과를 감지하고, 그 현실적인 의미를 구성하는 과정이 전개된다.

세 번째 단계인 성찰모드에서는 학습을 통해 우리의 뇌를 조절하는 일이 벌어지게 된다.

창조적 사고과정은 이런 세 단계를 거치며 끊임없이 전개되는 과정이라고 할 수 있다.

우리의 자아의식의 밑바닥에는 自在的인 실재가 존재한다. 그 실재는 세 가지 사유모드 - 현실모드, 상상모드, 성찰모드 - 이며 이 중에서 현존의 시간과 창조된 시간을 넘나드는 경계에 있는 멈춤의 성찰모드는 세 가지 의식상태의 내적주시자이며 '진정한 나'로서 의식의 퀀텀전환(자각)이 일어나는 지점이다. 여기에서는 중간계(中間界)라고 부르기로 한다.

이 중간계에서는 의식적인(성찰), 즉 관찰행위가 없을 때는 순수한 잠재력(잠재태)으로만 존재한다. 의식적인 행위가 없다면 이 중간계에서는 오직 순수한 잠재태(력)으로만 존재할 뿐이다.

이 중간계는 가상의 영역으로서 관찰이라는 의식적인 성찰행위가 없을 때는 순수한 잠재태로서 존재하며 성찰의 순간 가능태가 현재태로 현시되는 지점이다.

III. 시간의 두 흐름,

연금술사의 思惟實驗 (5次元的 상상력)

연금술사에게 미래는 어떻게 오는가?

"대우주의 엔트로피 법칙으로 생명체의 조직과 질서의 특징들을 설명하기에는 불가능하다. 이것은 현대 생물학의 역설 중 하나이다. 생명체에는 대우주를 지배하는 엔트로피 법칙과 반대되는 특성이 있다. 생물은 항상 엔트로피의 감소와 복잡성의 증거를 보여 주는데 그것은 엔트로피 법칙과 정면으로 상충한다."

센트죄르지 박사는 아메바와 인간의 커다란 차이에 주목하고서 엔트로피 법칙과 대칭을 이루는 법칙의 존재를 제안했다. 그는 생명체의 질서도의 증가를 관찰했는데, 이 현상을 설명하기 위해서는 물질계에서 적용되는 엔트로피 법칙을 초월하는 새로운 법칙이 필요했다. 다시 말해, 에너지가 소실되는 물질계의 보편적 성향에 맞설 수 있는 힘이 있어야 했다. 센트죄르지 박사는 엔트로피가 물리적 세계의 붕괴를 유발하는 보편적인 법칙인 반면, 신트로피가 생명계의 현상을 설명할 수 있는 생명의 법칙이라고 결론지었다.

루이지 판타피에 박사는 '물리계, 생물계의 통합 이론'에서 신트로피와 엔트로피가 자연 속에서 상호 보완적으로 작용하는 것을 발견했다.

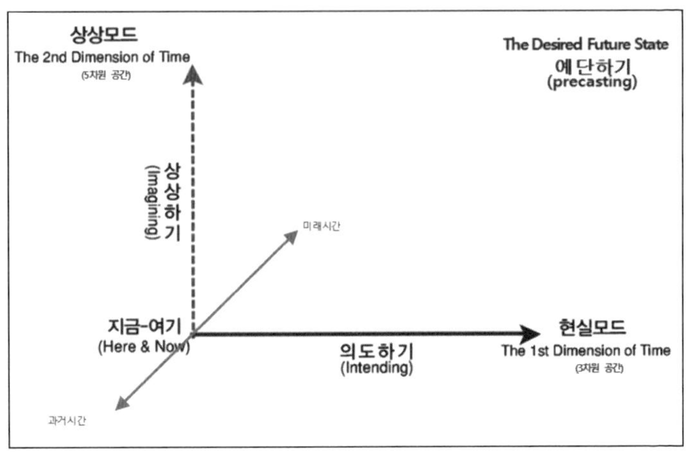

<그림 21> 연금술사의 5차원적 상상력

이런 방법은 위 <그림 21>에서처럼, 언제나 우리가 원하면, 현존의 시간 속, 현실모드(realist state에서 창조된 시간 속, 상상모드(dreamer state)로, 다시 상상모드에서 현실모드로 번갈아 가며 마음상태의 전환을 시도하는 것과 같다. 이것은 개인적 차원에서 언제 어디에서나 누구나 즐기며 할 수 있는 의식 상태 변환을 위한 일종의 '마인드 게임(mind game)'이라고도 할 수 있겠다. 즉, <그림 21>이 보여주는 것처럼 현존의 시간대인 수평축과 창조된 시간대인 수직축을 번갈아 오가며, 우리가 원하는 미래의 특정 상태를 예단 (precasting)해 가는 과정이다. 여기에서 현재와 미래, 양방향을 향하는 시간의 흐름은 단선적이 아닌 이중나선형적 얽힘의 과정이다. 이는 비유하자면 '상상(imagining)'과 '의지(intending)'의 두 날개를 달고 우리의 존

재가 우리가 원하는 미래를 향해 비상하는 과정이다.

이 과정 <예단하기>는 상상하기와 의도하기와는 달리 연금술사의 자각이 5次元的 상상력으로 확장된 것이 아닐까?

<그림 21>에서 수평축은 현존의 시간을 나타내고 수직축은 창조된 시간을 가리키고 있다. 양축의 한가운데 점선 부분은 지금-여기에서 특정한 미래를 향해 앞으로 진행하는(forward flowing) 시간의 흐름이고, 반면에 실선으로 표시된 부분은 미래로부터 지금-여기로 거꾸로 진행하는(backward flowing) 시간의 흐름이다. 이 두 갈래의 흐름은 현존의 시간과 창조된 시간, 두 세계를 교차하며 끊임없이 흐른다. 두 세계를 넘나드는 것은 이 세상을 살아가는 우리 각자의 실존적 선택이다.

중요한 것은 우리가 원한다면 언제나 바로 지금-여기에서 이 두 세계를 동시에 경험할 수 있다는 사실이다. 그러나 이 두 개의 세계는 결국 '하나의 세계'이다. 우리 모두가 몸담고 있는 하나의 세계의 두 개의 다른 모습일 뿐이다. 우리 앞에는 언제나 두 개의 세계, 현존의 시간 속, '미망(迷妄)의 세계'와 창조된 시간 속 '포월(抱越)의 세계'가 우리의 선택을 기다리고 있다. 서로가 서로를 품고 있다.

그리하여 이 '하나'이면서 '두 개의 세계'는 끊임없이 서로를 잉태한다. 언제나 이 양쪽 세계 모두에 우리의 존재가 있음을 자각하는 것이 중요하다. 지금-여기에서 두 세계의 경계에 설 때 우리는 가장 자유롭다.

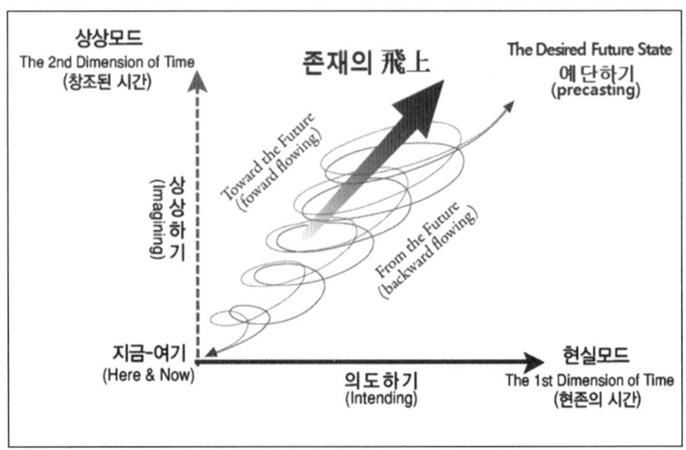

<그림 22> 시간의 두 흐름. The Double Spiral Vision

블라디미르 디미트로프(Vladimir Dimitrov)는 『새로운 종류의 사회
과학(A New Kind of Social Science: Study of Self-organization of Human
Dynamics)』(2005)에서 하이젠베르크(Heisenberg, 1972)의 말을 빌려
우주적 의식 진화 과정에서 각성된 개별적 행위주체야말로 사회전
체, 더 나아가 우주 전체의 의식 진화를 이끄는 '운반자'라고 한다.
여기에 덧붙여 그는 사회적 의식 진화의 역량을 이끌어 올리기 위해
서는 개개인의 개별적 차원의 각성이 선행되어야 하며, 이것이 없이
는 사회 집단적 차원의 진화는 불가능할 것이라고 주장한다.

그 이유는 인간 개개인의 의식성장은 결코 타인이나 바깥으로부
터 주어질 수 있는 것이 아니라, 오직 자신의 '내면(inner source)'에서
만 솟아날 수 있기 때문이라는 것이다. 우리의 개인적 성장을 향한

열망(urge for growth), 즉 각자의 내면이 지닌 고유의 잠재력을 일깨우려는 강력한 바람 없이는 결코 이루어지지 않는다는 것이다.

하나의 '씨앗'은 외부의 적절한 조건을 기다리기만 하면 스스로 성장할 수 있다. 그러나 인간 의식이 깨어나는 것은 외부조건이 어떠하든 간에 오직 스스로의 '힘' 자신의 의지와 이성, 그리고 자신의 감성과 직관에 의해서만 가능하다는 얘기이다. 이와 같이 우리 스스로를 알고자 하는 본래적 충동과 각성에 대한 인간 각 개개인의 열망만이 궁극적으로 우주 전체를 각성시켜 나가는 진정한 원동력이라는 것이다. 달리 표현하면 우주는 우주 스스로가 깨어나기 위해 인간 개개인의 각성이 필요하다는 얘기이다.

디미트로프는 이렇게 인간 누구나가 스스로를 이끌어 올리려는 인간 의식만이 지니는 '자기 준거적 능력(self-referential ability)'을 '부트스트랩핑(bootstrapping)'이라고 명명하고 있다.

이처럼 우리 모두에게는 아직 잠들어 있는 어떤 특정한 내면의 힘을 각성시키고자 하는 강력한 바람이 있다. 로베르토 웅거도 이런 '주체의 각성'이야말로 인간이 지닌 잠재적 역량의 무한성에 대한 믿음을 되찾고, 인간의 주체성을 깨워 인간을 더욱 인간화하고 신성화하는 프로젝트라고 말한 바 있다(Unger, 2009).

에필로그

21세기에는
네오휴먼(新人間)이 出現할 것인가?

네오사피엔스(新人類)의 등장?

트랜스휴먼(Transhuman)?

포스트휴먼(Posthuman)?

‘21세기에는 네오휴먼(新人間)이 출현할 것인가?’라는 주제는 미래사회에 대한 예측이나 전망과 관련된 물음이 아니다.

이 물음의 핵심은 ‘네오휴먼(新人間)이 누구인가’에 관한 존재론(Being)적 질문이기보다는 끊임없이 보다 고차의 존재가 되고자 자기실현을 향해가는(Becoming) ‘可能的 人間(The Possible Human)’이 21세기에는 반드시 출현하기를 念願하는 물음이다.

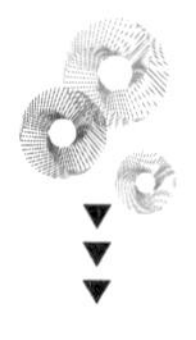

'나'의 세 가지 근원적 자아의 원형(原型) :

학인(學人), 예인(藝人), 도인(道人)

나의 3단계에 걸친 실험 즉 학인, 예인, 도인으로서의 연금술을 향한 구도(求道)의 여정은 중첩되거나 순차적이 아닌 동시적으로 진행되기가 일쑤였다. 그러나 세 번에 걸친 연금술 실험을 공통적으로 꿰뚫고 있는 것은 다름 아닌 의식의 각성 혹은 의식 전환(meta-noia)의 문제였다. 이런 구도의 여정에는 세 번에 걸친 연금술적 의식 전환이 있었다.

첫 번째 의식전환 : 개념의 연금술

두 번째 의식전환 : 융합의 연금술

세 번째 의식전환 : 시간의 연금술

이런 본문에서 다룬 세 단계에 걸친 연금술 여정에서의 의식의 각성 혹은 의식 전환의 문제는 나 자신이 연금술 실험의 주체이자 대상이었다.

그러나 에필로그에서 다루고자 하는 21세기에는 네오휴먼이 출현할 것인가? 라는 주제는 차원을 달리해서 나 개인이 살아온 개인

적 삶의 차원을 떠나 집단적 의식 진화의 차원에서 의식 전환의 문
제를 다루고자 한다.

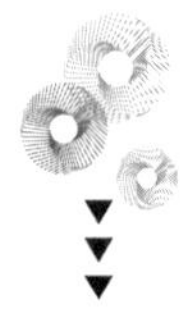

에필로그1: 그렇다면, 연금술사는 과연 누구인가?

샤르뎅이 말하는 '사람됨'이나 웅거가 말하는 각성한 주체의 궁극적인 상태는 아마도 인간의 잠재력이 완전히 개발되어 인간 스스로가 자신의 주인이 되는 상태일 것이다.

그러면 우리가 스스로의 주인이 된다는 것은 어떤 의미인가?

이는 결국 나의 의식이 실제로 내가 경험하는 현실을 창조할 수 있음을 의미하는 것이 아닐까? 이것은 우리가 각자 자신의 존재의 중심점을 자신의 내부로 옮겨, 외부로부터의 인상을 '내'가 정하는 방식으로 자신에게 적용할 수 있을 때 비로소 가능해질 것이다.

바꾸어 말하면, 진정한 의미에서 내가 '근원'이 되어, 내가 '결정'하고, 내가 '주인'이 될 때일 것이다.

그렇다면 근원이 된다는 것은 무슨 의미인가?

즉, 자기 자신의 존재에 대한 확실한 느낌은 물론 자신의 내면에서 존재의 중심인 근원의 관점을 유지할 수 있는 상태이다.

근원이 되는 것은 한 개인에게 있어 삶을 향한 자신의 의지를 회복하는 것이다. 또한 근원이 된다는 것은 삶의 의미를 발견하는 차원이 아닌 삶의 의미를 부여할 수 있는 차원을 말한다. 이때, 비로소 우리는 자신이 원하고 뜻하는 대로 이 세상을 경험할 수 있게 되는 것이며, 자신만이 만들어 낼 수 있는 세계를 창조하는 것이다. 이것이 진정한 의미에서의 창조적 삶이다.

그러므로 존재의 중심인 자신의 근원에 대한 확실한 느낌이야말로 우리에게 가장 강력한 자원(resource)이 된다.

우리는 매우 도전적인 위기의 상황에서, 어떻게 해서든 리소스풀한 상태를 유지해야 한다. 우리가 내면으로부터의 근원적 관점에 있을 때 우리는 존재의 중심점에서 어떤 위기상황이라도 극복할 수 있는 힘이 샘솟게 된다. 이것이야말로 가장 강력하고도 근원적인 차원에서의 리소스풀한 상태인 것이다.

재미있는 것은 resource(자원)이라는 영어 단어 자체가 source(근원)로 다시 돌아간다는 것을 의미하는 것이다.

이런 의미에서 우리 눈앞에 펼쳐진 모든 현상은 실제로는 나의 내부에 존재한다. 나의 의식이 내가 경험하는 현실을 창조하는 것이다.

이와 관련, 일찍이 움베르토 마투라나(Humberto Maturana)와 프란시스코 바렐라(Fancisco Varela)는『Autopoiesis and Cognition: The Organization of the Living』(1980)에서 자기창조(Autopoiesis:

Self-Making)이야말로 마음의 과정을 포함하는 모든 살아 있는 생명 시스템의 본질이라는 통찰을 한 바 있다.

다시 말해 마음(정신)은 생명과정 그 자체이고, 모든 생명현상 속에 내재하며, 우리의 인지행위(의식)는 그때마다 우리 자신의 존재를 포함하여 하나의 새로운 세계를 탄생시킨다는 것이다.

그러므로 우리가 시선을 향해야 하는 곳은 우리 자신의 의식이다. 의식이 비추는 대로 외부세계가 만들어지는 것이 우리 각자의 삶이라면 세상을 바꾸기 위해서는 우리 자아를 변형시키는 길밖에 없다. 외부에서 도움을 구할 수 있는 방법은 없는 것이다.

우리는 스스로를 향해 물을 필요가 있다.

우리는 어느 정도의 내적 진실로서 우리 자신이 진정 원하는 것에 마주 설 수 있는가?

사실 아무도 우리에게 이 세상을 구원하라고 요구하지 않는다. 우리가 이 세상을 진정 자신이 원하는 모습으로 만들고자 한다면, 우리는 그 누군가를 향해 이래라저래라 요구할 필요가 없다.

우리는 먼저 자신의 자아를 바꾸면 된다. 자아를 바꾸고 나면, 그때 비로소 이 세상은 우리의 새로운 자아가 비추는 대로 지금까지와는 전혀 다른 모습으로 우리에게 다가올 것이다.

이 세상 모두를 신성하게 바꾸고 싶다면 그렇게 바꾸는 데 필요한 것은 무엇보다 먼저 우리 자신을 신성하게 만드는 길뿐이다.

에필로그2: 개인에서 집단으로

내가 태어난 2차 세계대전 전후는 인류사적으로도 그 이전의 세대와는 전혀 다른 많은 점에서 인류 역사에서 중대한 획을 긋는 (국제연합의 탄생과 같은) 새로운 시대였음이 틀림없다.

이에 더하여 개인적으로는 민족상잔이라는 비극적 파괴와 대참사의 한복판에서 살아남으려는 생존본능이 내가 연금술 여정을 시작할 수밖에 없었던 배경이 되었다고 나는 믿고 있다. 당시에 나는 3~4살의 어린 나이에 아무런 일가친척의 도움도 없이 나는 이 세상에 내던져졌다. 그러니까 처음에는 애당초 의식의 각성이나 의식전환 같은 문제의식은 있을 수 없었다.

나는 그런 생존이 위협받는 상황에 처할 때마다 이 세상에서 아무 흔적 없이 사라져 버렸으면 하는 것이 어린 나의 솔직한 심정이었다. 주변에 이런 나의 세상에 대한 두려움과 공포에 대해 토로할 대상이 주변에 아무도 존재하지 않았다. 이것이 당시에 내가 견뎌 나가야 할 개인적으로 처한 실존적 상황이었다.

그러나, 내가 살아온 지난 80년의 세월은 나 혼자만의 것이 아닌 내가 함께 살아온 시대의 집단적 체험이기도 하다.

돈 벡(Don Beck)과 크리스토퍼 코완(Christopher Cowan)은 클레어 그레이브스가 말하는 나선역학이라고 부르는 접근법을 이어받아 집단적 인간 의식의 발달이 밈(meme)이라고 부르는 여덟 가지 일반적 단계를 통해 진행된다고 본다.

벡과 코완은 밈(또는 의식 발달의 단계)이 고정된 수준이 아니라 흐르는 파동이라고 부르는 의식 전개의 그물망 또는 역동적인 나선을 따라 형성된다고 본다. 벡과 코완은 여덟 가지 밈 또는 존재의 수준에 대해서 이야기하고 있다.

여기에서 그들은 처음의 여섯 가지 수준은 '첫 번째 층의 사고'로 특징지을 수 있는 '생존 수준'이고, 그다음에는 의식의 존재적 차원에서 혁명적 전환이 일어나는 '존재의 수준'이라고 한다.

여기에 이것이 그들이 말하는 이른바 '두 번째 층의 사고'가 출현한다는 것이다. 여기에서 두 번째 층의 사고를 하는 인구는 2% 미만으로, 이 두 번째 층의 의식은 현재 집단적 인간 진화의 '첨단'에 해당하기 때문에 아주 드물게 나타난다고 말한다.

여기에서 21세기에는 네오휴먼(신인간)이 출현할 것인가? 하는 물음은 우리 인간이 개별적 차원이 아닌 집단적으로 이런 '두 번째 층' 의식으로의 도약이 가능할 것인가? 라는 물음과 동일하다.

미 국무부 의뢰를 받아 작성한 민간 업체 글래드스톤이 AI 기업의 최고 경영진, 사이버 보안 연구원, 대량살상무기 전문가, 국가 안보 정부 당국자 등 200여 명을 1년여에 걸쳐 인터뷰하여 작성한 AI 보고서에서는 AGI(범용인공지능)에 대해 이야기 하고 있다.

AGI는 인간의 모든 작업을 인간 수준 이상으로 수행하는 인공지능으로, 데이터 학습 범위 내에서만 연산할 수 있는 기존 인공지능 수준을 뛰어넘어 인간처럼 사고하고 연산할 수 있다는 것이다. AGI는 아직 존재하지 않지만 오픈 AI, 구글 딥마인드 등의 AI 전문가들은 향후 5년 이내인 2028년에 AGI가 나올 것으로 보고 있다.

보고서는 AGI에 대한 두 가지 위험을 적시하고 있는데, 첫째, AI 기업들이 안전과 보안까지 희생하면서 개발에 속도를 내면서 어느 시점이 되면 통제할 수 없게 돼 세계 안보를 파괴할 것이며, 둘째, 인간과 같은 사고와 문제 해결 능력을 갖춘 인공 지능 AGI의 개발로 결국 AI 군비 경쟁과 분쟁, 대량살상무기 규모의 치명적인 사고로 이어질 수 있다는 것이다.

오픈 AI와 구글 딥마인드의 전현직 직원들 또한 "AI가 독자적인 사고 체계를 갖고 인간을 위협하며 사회를 장악하려 할 수 있다"라고 경고하고 있으며, 일론 머스크 테슬라 최고경영자는 "생물학적 지능의 비율은 점점 줄어들고 있으며, 결국 생물학적 지능의 비율은 1% 미만이 될 것"이라고 말했다.

오픈AI 이사회에 의해 전격적으로 해임됐다가 나흘 만에 다시 전격적으로 복귀한 오픈AI 창업자 샘 알트만은 인류를 위협할 정도의 획기적인 인공지능 기술을 개발했다고 하는데, 이는 데이터 없이 스스로 학습하고 연산하는 인공지능 모델로 '큐스타(Q*)'로 불리운다.

통계를 기반으로 다음 단어를 예측하는 생성형 인공지능(AI)인 ChatGPT와는 달리, 데이터 없이 스스로 학습하고 연산하는 인공지능 모델인 '큐스타(Q*)'의 등장이 의미하는 바는 무엇인가?

이런 AGI(범용인공지능)의 등장은 네오휴먼의 출현, 즉 두 번째 층의식으로의 도약을 기여할 것인가?

부록 I

5가지 사전 작업

1. 좋은 신념 일깨우기

(Awakening the Heart Intelligence)

문제상황

머리의반응

1. 최근에 스트레스를 받고 있는 부정적 정서(감정이나 느낌) 상태를 인정하고, 모든 것을 잠시 중단하고 시간을 내어 그 문제에 대해 자신이 어떻게 느끼는지를 알아차린다(자각한다).

2. 자신의 주의를 '머리'에서 벗어나 '가슴' 부위(심장과 명치부근)으로 이동하여 그곳에 더욱 집중한다. 주의의 초점을 심장 부위에 집중하는 것을 돕기 위해, 10초 이상 천천히 자신이 심장으로 '숨'을 쉰다고 생각하고 호흡하면서 계속해서 그곳에 집중한다.

3. 자신이 살아오면서 경험했던 긍정적이고 유쾌한 감정(기쁨, 감사, 배려, 연민, 사랑)과 시간을 회상하고 이런 심장의 핵심 감정을 그때의 느낌과 기분과 똑같이 경험하려고 노력한다.

4. 이제 자신의 직관으로 '이 문제상황에서 무엇이 더 효과적으로 반응하는 것인지, 무엇이 앞으로 스트레스를 최소화할 것인지'를 자신의 가슴(심장)에 물어본다.

5. 위의 자신의 질문에 대한 심장으로부터의 고요하고 작은 음성을 듣는다. 그리고 자신에게 긍정적이라고 여겨지는 새로운 감정이나 느낌, 그리고 직관이나 통찰에서 오는 새로운 자각에 대해 적어본다.

가슴의 반응

이 절차를 실시하는 동안 내 정서는,

__________________________________ 에서

__________________________________ 으로 바뀌었다.

2. 나쁜 신념 전환하기

(Changing Limiting Beliefs)

우리가 지니게 되는 어떤 신념(판단·분별)이나 생각과 정서(감정과 느낌)는 우리가 원한다면 쉽게 지울 수도, 또 새로 지어낼 수가 있어야 한다. 이 技法은 어떤 바람직하지 않은 제한적 신념이나 그에 따르는 부정적 정서 상태로부터 벗어나, 강력한 동기를 부여하는 긍정적 신념(empowering belief)이나 정서 상태로 전환하려 할 때 매우 효과적이다.

1. 선택하기:

반복적으로 자신을 괴롭히고 자신의 성장을 방해하는 부정적이고 제한적인 신념 하나를 선택하여, 어느 정도의 시간을 갖고 그 신념을 확인하고 자신의 의식을 그것에 집중한다.

2. 경험하기:

그 신념과 하나로 어우러져(일치하기: association), 그 부정적 신념을 품고 있는 느낌이 어떤지, 그대로 느껴본다. (V, A, K: 하위양식 활용)

3. 命名하기:

그 신념에 대해 아무 판단, 분별없이 있는 그대로 이름 붙인다.

“이것은   이다.”
____

이 신념에 아무 판단, 분별없이 이름을 붙일 때 그것과 ‘하나로 일치되어 있는’ 상태로부터 빠져나와 더 이상 그 신념과 어우러져 하나가 되어 있지 않게 된다. (dissociation)

4. 분리하기:

이제 그 신념으로부터 떨어져 나와, 내면 깊은 곳으로부터 근원적 자아의 소리를 듣는다. 그리고 “이것은 내가 아니다. 이것은 내가 창조한 것이다.”라고 인정한다. 일단 그 신념으로부터 떨어져 나와 바라보면 그에 따른 느낌이 사라지게 된다.

5. 창조하기:

지우고 싶은 오래된 부정적 신념을 소멸시키고, 제한적 신념과 정반대의 새로 만들고 싶은 긍정적 신념(Empowering Belief)을 창조한다. (본다-한다-된다)

3. 핵심 신념 창조하기

(Imagineering the Future)

세상을 바라보는 확연히 구분되는 두 가지 시선, 두 개의 눈이 있다. 하나는 현실적인 시야 즉, 육안으로 '현존의 시간' 속에 감각이 지배하고 있는 일상적으로 깨어있는 의식이고, 다른 하나는 소망이 지배하고 있는 영인 즉 깨어난 의식이 통제하는 '창조된 시간' 속의 영적인 시야이다.

이제부터 지금 이 순간 여러분이 이곳에 앉아 있다는, 즉 '현존의 시간' 차원을 떠나 일상적 감각의 영역으로부터 의식을 제거하고, 여러분이 미래에 있고 싶은 곳, 여러분이 실제 현실로 만들고 싶은 미래의 '창조된 시간' 차원에 여러분의 의식을 가져다 놓는다.

1. 본다 (상상하기: Imagining)

[본다]는 여러분이 성취하고자 하는 목표를 명확히 하고, 원하는 것이 무엇인지 뚜렷하게 보는(아는) 것이다. 여러분이 원하는 것이 이루어졌다면 일어날 만한 사건을 떠올려 보고, 그 사건은 여러분이 원하는 것을 이루었다는 증표를 나타내고, 여러분 자신의 눈으로 그것을 생생한 느낌을 가지고 볼 수 있어야 한다.

2. 한다 (의도하기: Intending)

[한다]는 여러분이 마음속으로 원하는 것이 실현되었을 때, 하려고 구상했던 행동을 하고 있다고 느끼고, 실제로 지금 여기서 그 행동을 하고 있다는 것을 상상해야 한다. 실제로 그 행동들을 즐기면서 하고 있다고 느끼면서, 마음의 영상 안에서 느껴지는 생생한 감각들이 여러분에게 현실처럼 다가와야 한다.

3. 된다 (예단하기: Precasting)

[된다]는 원하는 것이 이미 이루어졌다는 느낌을 사실로 받아들이고, 여러분의 마음속에 원하던 것이 드디어 성취되었다는 확고한 느낌으로 채워야 한다. 이루어진 것을 하나의 생생한 느낌으로 압축시켜 지금 그것들이 이미 그렇게 된 것처럼 받아들이고, 어떤 일들이 일어나는지 상상해 본다.

4. 허공 응시하기

(Gazing into Void)

허공 응시하기는 가장 심오한 고급 응시법으로 어떤 장소에서나 어떤 자세로도 할 수 있다. 또한 이것은 가장 단순하지만 가장 강력한 효과를 가져올 수 있다. 특히 기억력 향상은 물론 마음의 집중과 내적 평정을 이루고 극심한 분노에 사로잡힌 경우에 마음을 내면으로 향하게 하여 진정시켜 준다.

1. 편안하고 안정된 자세로 앉아 머리와 등을 곧게 한다. 왼손은 무릎 위에 친 무드라(chin mudra)자세를 취하면서, 눈을 감고 몸 전체를 이완한다.

2. 충분히 이완된 상태에서 눈을 뜨고 오른손을 얼굴 앞으로 가져와 오른손의 팔꿈치가 몸의 옆을 향하게 한다. 손바닥을 펴서 아래를 향하게 하고 손가락을 모두 모은다. 엄지손가락의 측면이 윗입술에 닿게 만다.

3. 눈의 초점을 새끼손가락의 끝에 가져가서 눈을 깜박이지 않은 채 그곳을 1분 정도 의도적으로 응시한다. 1분이 지난 후 손을 떼고, 계속해서 새끼손가락 끝이 있었던 무(無, nothingness)의 공간을

응시한다.

4. 눈을 가능하면 깜박이지 않고 얼굴 앞의 그곳에 계속 응시하여 아무것도 없는 허공의 한 점에 주의가 빨려들게 한다. 만약 다른 생각이 생기면 그저 생겼다 사라지고 하는 상념들을 알아차리면서 동시에 지속적으로 그 허공의 한 점을 놓치지 않고 그곳에 주의를 보낸다. (Anchor)

5. 설혹 자신의 눈이 바깥에 일어나고 있는 것을 보게 되더라도 그것이 자신의 의식적인 지각의 밖에 남아있지 않게 한다. 자신이 보는 모든 것과 알아차리고 있는 모든 것은 '없음(nothingness)' 그것뿐이다. 이것이 바로 허공 응시하기의 목표인 것이다.

<효과>: 내적 평정, 자기 성찰과 의식집중

5. 심안(心眼) 일깨우기

(Awakening the Psychic Eye)

1. 눈을 감고 편안하게 명상하는 자세로 앉아 등을 곧바로 하고 안정된 자세를 취한다. 몸과 마음이 조용하고 아무런 움직임이 없음을 알아차린다. (자각한다) 몸은 이것을 하는 동안 아무런 움직임이 없어야 한다.

2. 마음과 숨결이 일치되어 호흡하는 것(psychic breath)을 알아차린다. 목구멍을 통해 들어오고 나가는 하나하나의 미세한 숨결을 바라본다. 호흡은 느리고 깊게 한다.

3. 이제 주의를 양 눈썹 한가운데로 가져간다. 눈썹 한가운데에 주의를 집중한 채로, 그곳에 감고 있는 사람의 눈을 시각화한다. 그 눈의 모든 상세한 부분을 분명하게 본다. 속눈썹과 눈썹을 보고, 눈의 모양과 곡선을 본다. 그 감고 있는 눈의 이미지가 잠깐 나타났다가 사라지곤 하지만 개의치 않는다. 그런 때에는 그 이미지를 다시 시각화한다. 양 눈썹 중앙에 감고 있는 사람의 눈을 계속하여 바라본다.

4. 이제 감은 눈을 뜨도록 해 본다. (이것은 신체적으로 하는 것이 아

니고, 마음으로 여는 것이다) 자신의 마음의 노력으로 이 눈을 뜨게 해야 하며, 이 눈이 곧 '제3의 눈(The Third Eye)'이고 통찰의 눈(the eye of intuition)이다. 자신의 모든 의식을 이 눈에 집중한다. 몸과 마음이 긴장되지 말아야 하고, 처음부터 끝까지 이완된 상태이어야 한다. 이 모든 것은 내면 깊은 곳으로부터 이루어져야 한다. 계속해서 제3의 눈을 뜨도록 한다. 이 눈을 의도적으로 계속 응시하면서 그 눈이 천천히 떠지기 시작하는 것을 본다. 이런 식으로 계속한다. 제3의 눈이 활성화되면 새로운 종류의 비전이 계발되고 통찰력이 일깨워진다.

5. 이제는 이 심안의 이미지를 사라지도록 내버려두고, 자신의 의식을 몸과 그 주변으로 가져온다. 준비가 되면 몸을 조금씩 움직여 보고 눈을 뜬다.

“보이지 않는 차원이 현실의 삶을 바꾼다”

부록 II

연금술사 교본 : 의식 각성 프로그램
〈휴먼시스테믹스(Human Systemics)〉

존재의 솟구침

(사) 人間科學硏究所(Advanced Human Dynamics Institute) 부설 비전-마이스터 아카데미에서 제공하는 의식각성 프로그램

강사소개

<비전-마이스터 아카데미> 이동욱 박사는 서울대학교 문리과 대학과 UCLA 등에서 수학하고 펜실베이니아 대학에서 *인간의식의 전환에 관한 연구*로 박사학위를 취득하였다. 단국대학교 대학부설 <인간과학연구소*Advanced Human Dynamics Institute*>에서 가르치며 오랜 연구 끝에 '오래된 지혜*Source Teaching*'와 '새로운 과학*New Science*'을 접목시켜 21세기 의식각성 분야의 획기적인 융합기술이라고 할 수 있는 통합적*Integral*, 전인적*Holistic*, 체계적*Systemic* 학습원리인 휴먼시스테믹스 *HumanSystemics* 프로그램을 개발하였다.

사단법인 인간과학연구소를 설립(2007)하여 휴먼시스테믹스에 기반한 의식전환프로젝트를 수행하고 있다.

의식각성 프로그램, 휴먼시스테믹스(Human Systemics)

의식각성 프로그램, 휴먼시스테믹스(HumanSystemics)

Ⅰ. **휴먼시스테믹스: 창조융합기술(2000~2019)**
- 창조학습원리, 학습목표, 작동원리
- 의식각성을 위한 비저너리 사유실험
  (시간 인식의 3가지 측면)

Ⅱ. **심상명상: Image Meditation**
- 상상하기: 봄 (인식)
- 의도하기: 함 (행위)
- 예단하기: 됨 (존재)

Ⅲ. **동작명상: Motor Meditation**
- 온맘돌이
- 온결돌이
- 온몸돌이

Ⅳ. **종합정리(Synthesis) / 부록: 존재의 솟구침**

- 단시간에 몸과 마음상태를 변화시키는 기적의 공식 (Miracle Formula)

- 5분 명상법: 누구나 언제 어디서나 쉽게 할 수 있음

- 창의적 상상력과 자기초월적 변신능력을 함양 시키기 위한 사유실험

- 활용중심의 의식각성 프로그램: 셀프-임파워먼트를 위한 의식전환 프로젝트

Ⅰ. 휴먼시스테믹스(HumanSystemics): 창조융합기술

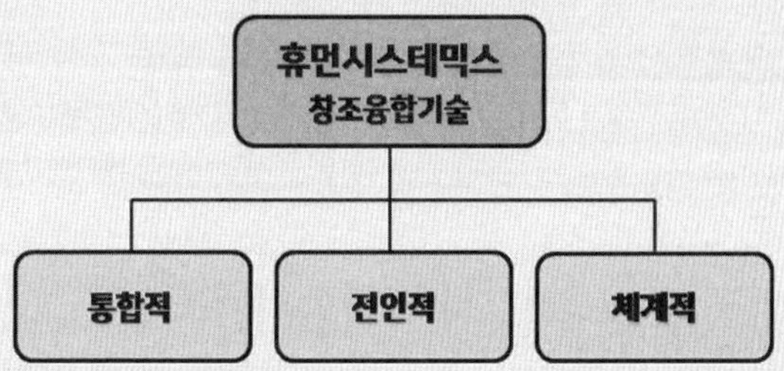

휴먼시스테믹스(HumanSystemics)는 (사)인간과학연구소(Advanced Human Dynamics Institute)부설 비전-마이스터™ 아카데미에서 지난 20여 년(2000~2019) 가까이 진행해 온 오래된 지혜 (Source Teaching)와 새로운 과학(New Science)을 접목시켜 창안된 창조학습 분야의 새로운 장을 여는 21C형 통합적, 전인적, 체계적 창조융합기술(Creative Fusion Technology)이자 게임체인저(Game Changer)이다.

통합적(Integral): 학습원리

통합적(Integral): 학습원리

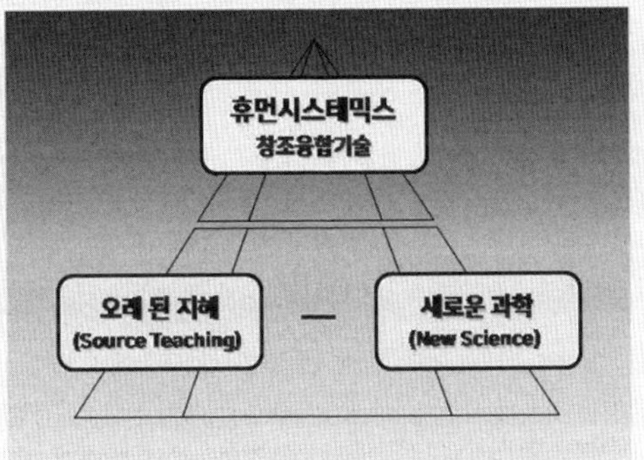

통합적, 즉 Integral 하다는 것은 오래된 근원의 가르침(Source Teaching)에 새로운 과학(New Science), 특히 양자역학에서 비롯된 의식과학을 접목시킨 셀프 임파워먼트(Self-Empowerment) 의식각성프로그램이다.

전인적(Holistic): 학습목표

전인적 즉, Holistic 하다는 것은 인간의 마음이 하는 세 가지 기능 知,情,意 즉 인지(Cognition)기능, 정서(Emotion)기능 그리고 의욕(Conation)이라는 세 가지 마음이 균형되고 조화롭게 작용할 수 있게 만드는 이 프로그램의 학습목표를 의미한다.

체계적(Systemic): 작동원리

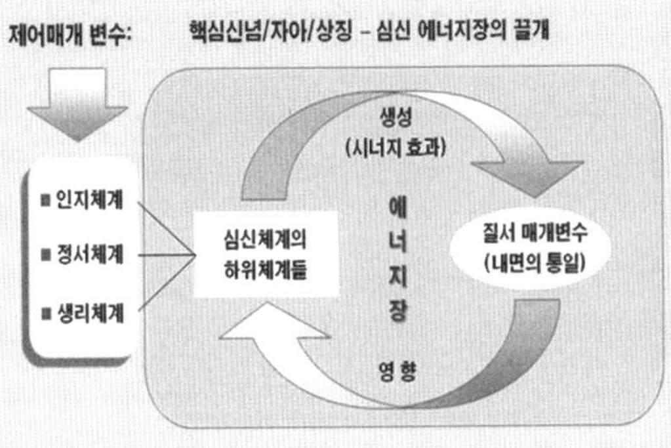

체계적 즉, Systemic하다는 것은 학습프로그램의 작동원리를 의미하는 것으로 복잡적응계인 휴먼시스템의 하위요소들 즉, **인지체계, 정서체계, 신체생리체계**가 시너지효과를 발휘하게 되는 자기조직화 과정을 말한다.

심신에너지장의 끌개라고 할 수 있는 **자아에 관한 핵심신념**이 이러한 과정의 다이나믹스에 결정적 동인이 된다.

의식전환 프로젝트:

의식각성을 위한 비저너리 思惟실험(Thought Experiment)

의식전환 프로젝트: 의식각성을 위한 비저너리 思惟실험(Thought Experiment)

- 자아의식은 시공간의 통제와 밀접하게 연관되어 있다. 의식전환을 위해서는 지금-여기에서 시-공간적 전환이 필요하다. 사실상 우리는 두 개의 세계에 살고 있다. 하나는 외부(표면의식)의 눈에 보이는 물질적 세계이고 다른 하나는 내적이며 눈에 보이지 않는 정신적 세계(내면의식)이다.

- 우리가 언제나 외부세계의 어딘가에 있듯이, 내면의 세계에서도 항상 어떤 마음의 상태에 있게 된다. 우리는 외부세계의 물리적 위치를 신체적으로 바꾸듯이 심리적으로도 내면세계의 위치를 뜻대로 바꿀 수 있어야 한다. 우리의 의식은 단 하나의 시-공간 차원에만 머물러 있을 필요가 없다. 두 가지 시선을 동시에 유지하는 것, 이것이 삶에 대한 창조적 태도이며 변화의 시작이다.

- 의식전환 프로젝트의 성공적 수행을 위해서는 우리가 체험하는 삶의 세계의 '안과 밖', 인간 의식의 내면과 우리가 현실이라고 부르는 바깥세상, 이 두 세계를 의미있게 연결시켜줄 수 있는 새로운 패러다임을 필요로 한다. 이를 위해 창안한 것이 곧, 휴먼시스테믹스 프로그램이다.

- 이러한 의식전환을 위해서는 시간을 인식하는 3가지 측면 즉, 시간의 두 차원, 시간의 순환고리, 시간의 두 흐름을 이해하는 것이 핵심이다.

시간의 두 차원

시간의 두 차원

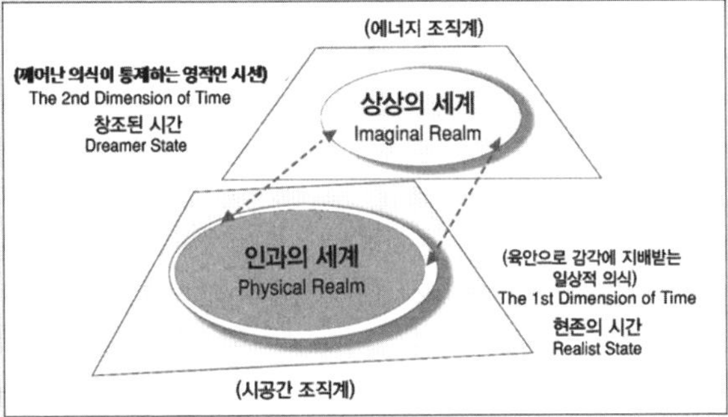

현존의 시간 (Realist State, The 1st Dimension of Time)
인과의 세계 (Physical Realm); 시공간 조직계
창조된 시간 (Dreamer State, The 2nd Dimension of Time)
상상의 세계 (Imaginal Realm); 에너지 조직계

시간의 순환고리

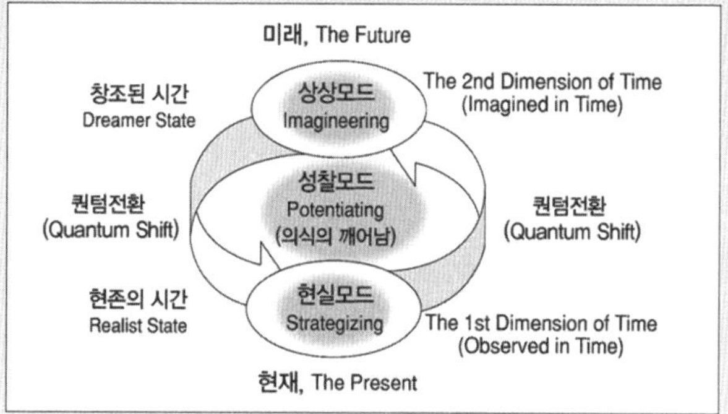

창조된 시간 (Imagined in time); 상상모드(Imagineering)
현존의 시간 (Observed in time); 현실모드(Strategizing)
의식의 퀀텀전환(Quantum Shift); 성찰모드(Potentiating)

시간의 두 흐름

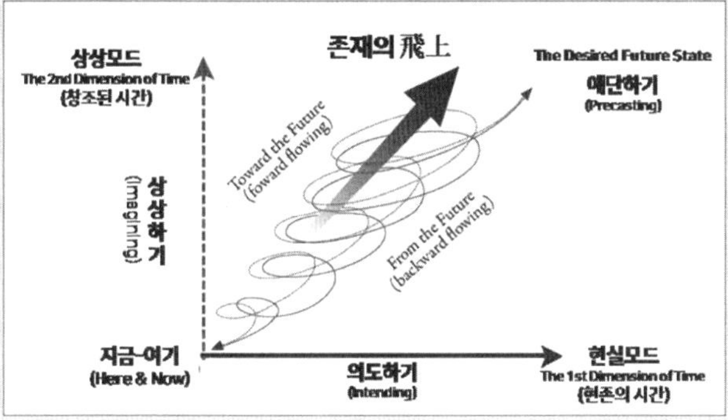

상상하기(Imagining) ; 본다
의도하기(Intending) ; 한다
예단하기(Precasting) ; 된다

II. 심상명상(Image Meditation): 기적의 공식 '봄-함-됨'

- 기적의 공식 '봄-함-됨'은 핵심신념을 창조하는 의식적인 자기암시법이다. 핵심신념은 자신의 삶에서 무언가 반드시 이루고자 하고, 되고자 하는 특별한 형태의 결의이며, 우리가 자신의 모습을 원하는 대로 프로그램 할 수 있게 만들어 주는 열쇠를 제공한다.

- 필요가 발명의 어머니라면, 상상은 창조의 아버지라고 할 수 있다. 모든 창조는 상상에서 비롯된다. 인간은 자신이 절실히 원하는 것을 상상하고, 그렇게 상상한 것을 의도하며, 드디어 자기가 의도한 결과를 예단하게 된다.

- 상상이 현실을 창조한다는 것과 느낌이 상상의 비밀이라는 것의 진정한 의미를 깨달을 수 있게 되면, 우리가 이 세상을 살아가는 데 비장의 무기를 간직하는 것과 마찬가지이다.

- 상상 속의 이미지들은 '실체'이고, 이 세상에 모습을 드러낸 모든 물질적인 것들은 우리의 의식 안에서 내면의 이미지가 비쳐진 '그림자'에 불과하다.

핵심 신념 창조하기

핵심 신념 창조하기

- 자아상(Self-Image)은 우리가 살아가는데 있어서, 의식각성을 위한 가장 강력한 도구이다. 자아정체성(Identity)차원의 변화는 핵심신념(Core Belief)의 변화이며, 우리존재 내부시스템 전체를 바꾸어 놓는다.

- 느낌은 무언가 조직화되고 응집된 에너지로서 존재의 가장 깊은 차원에서 인체 에너지장을 조직화하는 파동이며, '나'를 '나'라고 여기는 자아정체성에 관한 핵심신념(Core Belief)에 연결되어 있다.

- 우리가 자신에 관한 어떤 확실한 느낌을 수반하는 새로운 신념을 지니게 되면, 이것이 강력한 끌개가 되어 순식간에 우리를 변화시키게 된다.

기적의 공식, '봄-함-됨': 삼자결(三字訣)의 비법(秘法)

우리가 이 세상에서 절실히 원하는 것이 있다면,

- [본다]는 여러분이 세상 안에서 간절히 구하고자 하는 것들을 이미 실현되어 눈에 보이는 것으로 받아들이고,

- [한다]는 절실히 열망하는 것이 이루어졌을 때, 할 만한 가장 그럴듯한 행동 속으로 들어가 그 행동들을 실제로 하고 있다고 느끼고,

- [된다]는 그것들에 믿음을 유지해서 실제로 된 것을 사실로 받아들이고,

현실처럼 느껴질 때까지 마음의 상태를 유지해야 하는 것이 요령이다.

본다(상상하기: Imagining)

▪ [본다]

여러분이 성취하고자 하는 목표를 명확히 하고, 원하는 것이 무엇인지 뚜렷하게 보는(아는) 것이다.

여러분이 원하는 것이 이루어졌다면 일어날 만한 사건을 떠올려 보고, 그 사건은 여러분이 원하는 것을 이루었다는 증표를 나타내고, 여러분 자신의 눈으로 그것을 생생한 느낌을 가지고 볼 수 있어야 한다.

한다(의도하기: Intending)

- **[한다]**

여러분이 마음속으로 원하는 것이 실현되었을 때, 하려고 구상했던 행동을 하고 있다고 느끼고, 실제로 지금 여기에서 그 행동을 하고 있다는 것을 상상해야 한다.

실제로 그 행동들을 즐기면서 하고 있다고 느끼면서, 마음의 영상 안에서 느껴지는 생생한 감각들이 여러분에게 현실처럼 다가와야 한다.

된다(예단하기: Precasting)

- ## [된다]

  원하는 것이 이미 이루어졌다는 느낌을 사실로 받아들이고, 여러분
  의 마음속에 원하던 것이 드디어 성취되었다는 확고한 느낌으로 채
  워야 한다.
  이루어진 것을 하나의 생생한 느낌으로 압축시켜 지금 그것들이 이
  미 그렇게 된 것처럼 받아들이고, 어떤 일들이 일어나는지 상상해
  본다.

Ⅲ. 동작명상(Motor Meditation): 온맘돌이, 온결돌이, 온몸돌이

- 동작명상은 음과 양의 에너지가 아우러지는 3가지 나선형의 소용돌이(온맘돌이, 온결돌이, 온몸돌이) 동작으로 이루어져 있다.

- 나선형의 소용돌이는 우주적 에너지의 발현이며, 거시세계인 지구가 속해있는 은하계(Milky-way Galaxy)와 안드로메다 은하, 그리고 미시세계의 인체 세포와 DNA구조에 이르기까지 모든 움직임의 원형(Archetypal Movement)이며 생명의 기본적인 패턴이라고 할 수 있다.

- 동작명상은 존재의 근원과 하나되는 근원의 몸짓이자, 포용성과 초월성 그리고 자연성을 회복하는 치유의 몸짓이다.

- 또한 우리의 심신 에너지 장에서 가장 중요한 3개의 핵심적 신경중추를 연결하고, 이를 통해 언지 기능과 정서기능, 신체 생리적 기능을 조화시켜 이들을 강력히 통합시킨다.

3 三太極의 몸짓: 온맘돌이

三太極의 몸짓: 온맘돌이

- 온맘돌이는 삼자결(三字訣)의 비법(秘法) 즉, '봄-함-됨'을 삼태극의 몸짓으로 표현한 것으로 삼태극은 한국의 문화적 상징이기도 하다. 또한 삼태극은 쳔·지·인(天·地·人)과 같은 한국사상 의 핵을 이루고 있다.

- 온맘돌이는 '봄-함-됨' 이라는 기적의 공식을 의식화된 상징적 동작으로 표현한 것으로, 가슴이 중심이 되어 이루어진다는 점이 그 특성이라 할 수 있다.

- 온맘돌이는 존재의 중심언 가슴을 경영함으로써 신체적으로뿐만 아니라 심리적, 정서적, 그리 고 더 나아가 정신적으로 삶 전체의 흐름과 페턴에 근본적 변화를 가져올 수 있게 만드는 몸짓인 것이다.

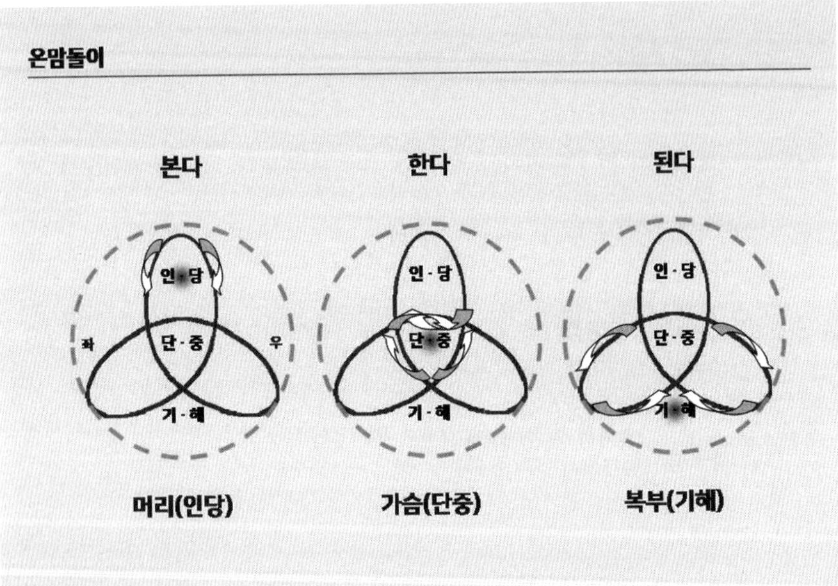

온맘돌이
본다
한다
된다
인·당
단·중
기·혜
좌
우
머리(인당)
가슴(단중)
복부(기혜)

3 동작명상 효과1 : 두뇌-심뇌-장뇌

동작명상 효과(1): 두뇌 – 심뇌 – 장뇌

본다 – 머리(인당 : 상단전) – Ajna Chakra

-> 두뇌영역. 지성의 힘(에너지) 강화하기 : 인지(Cognition)

한다 – 가슴(단중 : 중단전) – Anahata Chakra

-> 심장영역. 감성의 힘(에너지) 강화하기 : 정서(Emotion)

된다 – 복부(기해 : 하단전) – Manipura Chakra

-> 근원영역. 근원적인 힘(에너지) 강화하기 : 의욕(Conation)

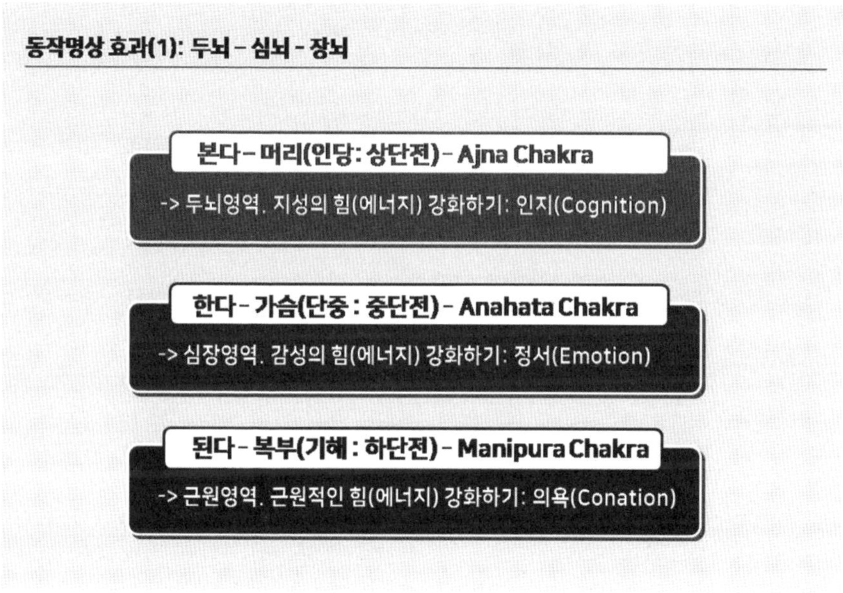

동작명상 효과2 : 뇌기능의 활성화

동작명상 효과(2): 뇌기능의 활성화

좌뇌	우뇌

-> 좌뇌와 우뇌를 연결하는 통합성 차원

전뇌	후뇌

-> 전뇌와 후뇌를 통합하는 집중력 차원

대뇌	간뇌

-> 대뇌와 간뇌를 연결하는 균형성 차원

Ⅳ. 종합정리 : 연금술사는 과연 누구인가?

연금술사는 자신의 존재의 중심점을 자신의 내부로 옮겨, 외부로부터의 인상을 자신이 定하는 방식으로 '봄-함-됨'을 통해 스스로에게 작용시킬 수 있으며,

- 내가 根源이고 (근원의식)
- 내가 決定하며 (주체의식)
- 내가 主人이다. (주인의식)

라고 선언할 수 있어야 한다.

진정한 연금술사는 '봄-함-됨'이라는 사유실험을 통해 자기초월적 변신능력을
스스로에게는 물론 바깥세상을 향해 입증시킬 수 있어야 한다.

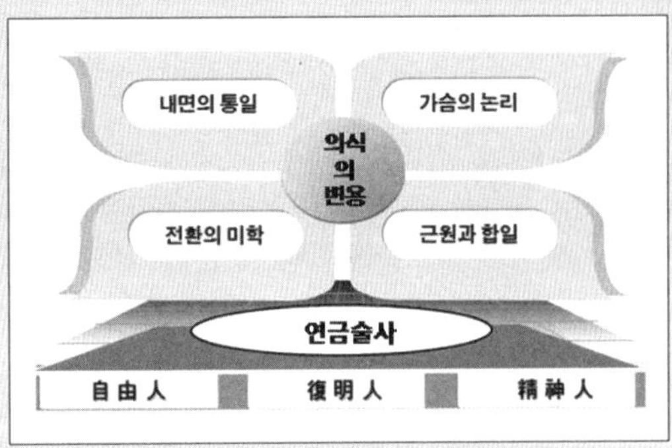

기적의 公式 활용 예(1)

<부록1> 기적의 公式 활용 예(1)

- **[본다]**는 여러분이 꼭 **갖기**를 원하는 것이 있다면,
  실제 그것을 가졌다면 겪을 만한 일을 상상 속에서 생생한 느낌을 가지고 보고,

- **[한다]**는 여러분이 반드시 **하고** 싶은 일이 있다면,
  지금 여기에서 생생하게 그것을 진짜 하고 있는 것으로 만들도록 하고,

- **[된다]**는 여러분이 절실히 **되고** 싶은 모습이 있다면,
  원하는 모습이 이미 되었다고 생생하게 느끼면서 그 마음속의 영상(이미지)안으로 빠져
  들어가 본다.

이러한 장면들을 현실처럼 단단하고 뚜렷함을 가질 때까지 계속 반복한다면 여러분 마음 속 깊은 곳에서 자신이라고 느꼈던 존재가 이미 되어 있을 것이다.

기적의 公式 활용 예(2)

<부록1> 기적의 公式 활용 예(2)

우리가 세상과 나와의 관계를 변화시키고자 한다면 자아의 관념을 바꾸어야만 주변의 상황과 여러분의 관계를 변화시킬 수 있다.

- [본다]는 세상에 드러내고 싶은 **자신의 모습을 생생하게 보고,**

- [한다]는 이미 그러한 모습으로 지금 여기에서 **실제로 행동하고 있다고** 느끼고,

- [된다]는 이미 그러한 모습이 **된 것과 같은 느낌에 믿음을** 유지하고,

실제와 같은 생생한 느낌과 뚜렷함을 가질 때까지 지속하여야 한다는 것이 이 절차의 핵심이다.

기적의 公式 활용 예(3)

<부록1> 기적의 公式 활용 예(3)

우리가 이 세상에서 절실히 원하는 것이 있다면,

- **[본다]**는 여러분이 세상 안에서 간절히 구하고자 하는 것들을 이미 실현되어 **눈에 보이는 것으로 받아들이고,**

- **[한다]**는 절실히 열망하는 것이 이루어졌을 때, 할 만한 가장 그럴 듯한 행동 속으로 들어가 그 행동들을 실제로 **하고 있다고 느끼고,**

- **[된다]**는 그것들에 믿음을 유지해서 **실제로 된 것을 사실로 받아들이고,**

현실처럼 느낄 수 있을 때까지 마음의 상태를 유지해야 하는 것이 요령이다.

<부록2> 온몸돌이: 존재의 솟구침(1)

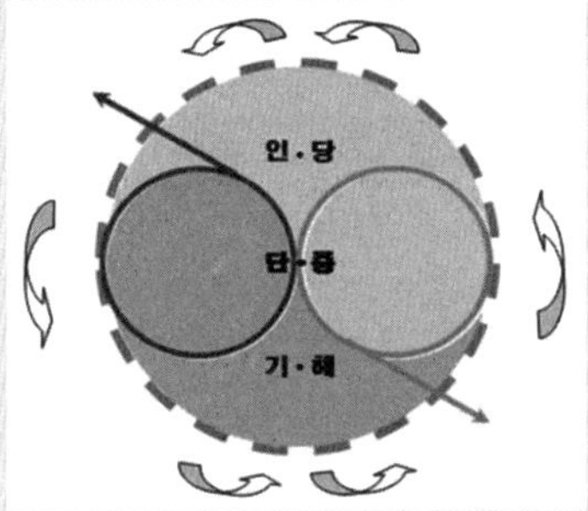

(좌) 단중 – 인당 – 기혜 – 단중 – 인당(좌 상)

(소용돌이)

(우) 단중 – 기혜 – 인당 – 단중 – 인당(우 하)

온몸돌이: 존재의 솟구침(2)

<부록2> 온몸돌이: 존재의 솟구침(2)

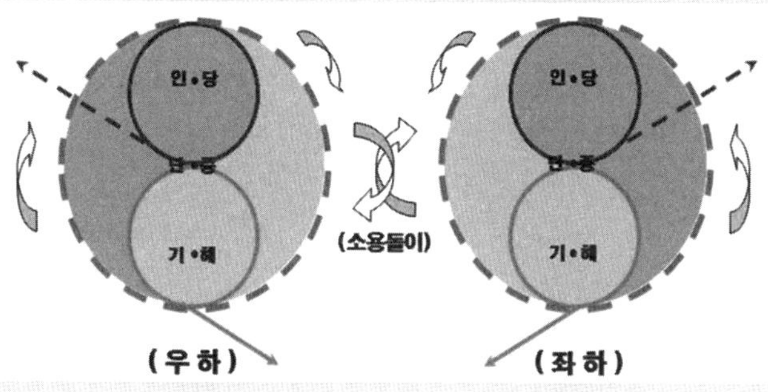

(우) 기혜 – 인당 – 단중 – 기혜 – (우 하)

(소용돌이)

(좌) 기혜 – 인당 – 단중 – 기혜 – (좌 하)

온몸돌이: 존재의 솟구침(3)

<부록2> 온몸돌이: 존재의 솟구침(3)

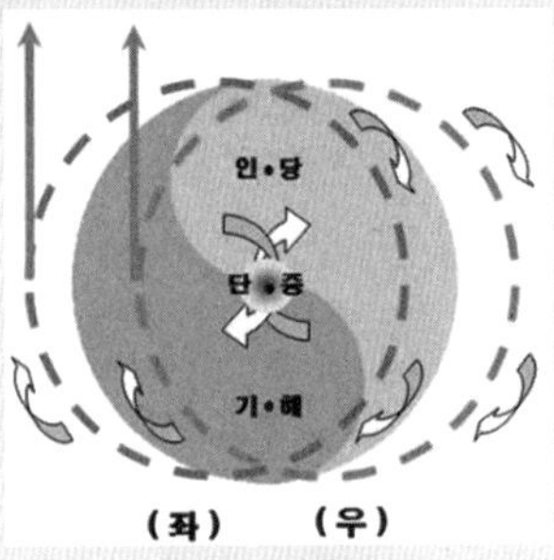

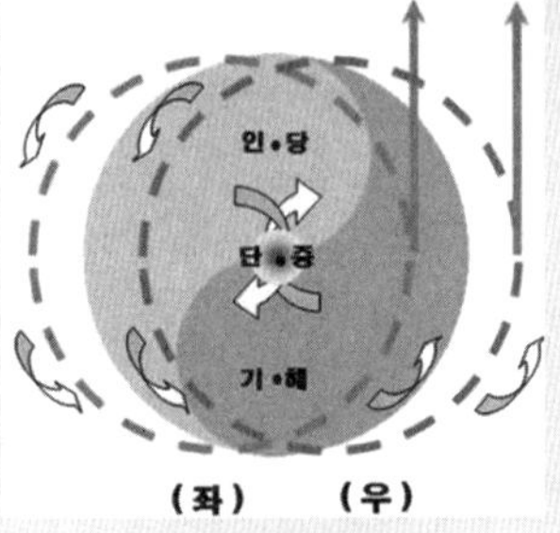

(우 상에서 우 하)

기혜 – 단중 – 인당 – (좌 상)

(좌 상에서 좌 하)

기혜 – 단중 – 인당 – (우 상)

온몸돌이: 존재의 솟구침(4)

<부록2> 온몸돌이: 존재의 솟구침(4)

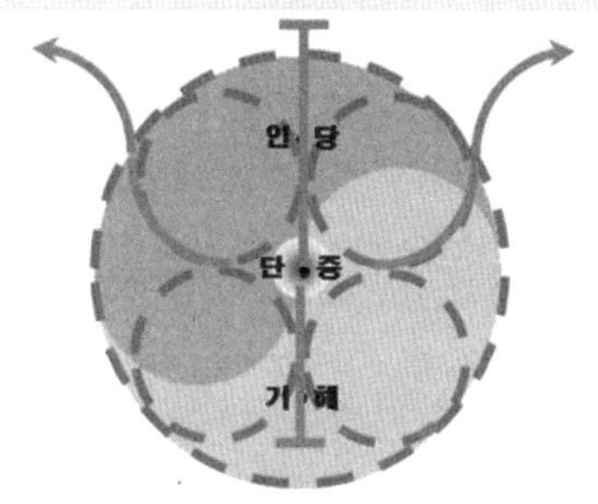

이 세상 끝, 가장자리에 서서
죽음을 곁에 놓고 마치 꿈결과 같이 이 세계를 바라본다.

자아실현과 현실창조의 의식각성 프로그램

휴먼 시스테믹스 : 연금술사의 의식과학

1쇄 인쇄일 2026년 2월 26일
1쇄 발행일 2026년 3월 10일

지은이　이동욱
펴낸이　류희남
디자인　디자인오감

펴낸곳　물병자리
출판등록　1997년 4월14일(제2-2160호)
주 소　서울시 종로구 새문안로5가길11, 옥빌딩 801호
전 화　02-735-8160
팩 스　0502-735-5000
홈페이지　www.aquariuspub.com
이메일　aquariuspub@naver.com

ISBN　979-11-92087-38-2 03150